GÜTERSLOHER
VERLAGSHAUS

URSULA CABERTA

SCHWARZBUCH FEMINISMUS

VOM MYTHOS DER ERREICHTEN GLEICHBERECHTIGUNG

Gütersloher Verlagshaus

Bibliografische Information der Deutschen Nationalbibliothek
Die Deutsche Nationalbibliothek verzeichnet diese Publikation in der Deutschen Nationalbibliografie; detaillierte bibliografische Daten sind im Internet über https://portal.dnb.de abrufbar.

FSC
www.fsc.org
MIX
Papier aus verantwortungsvollen Quellen
FSC® C014496

Verlagsgruppe Random House FSC-DEU-0100
Das für dieses Buch verwendete FSC®-zertifizierte Papier *Munken Premium Cream* liefert Arctic Paper Munkedals AB, Schweden.

1. Auflage, 2012

Umschlagmotiv: © Silberblatt – Fotolia.com
Druck und Einband: GGP Media GmbH, Pößneck
Printed in Germany
ISBN 978-3-579-06661-5

www.gtvh.de

Inhalt

Einleitung

Der Alltag in der Bundesrepublik Deutschland findet für die große Mehrheit der Menschen höchstwahrscheinlich in dem Bewusstsein statt, dass wir in einem Land leben, in dem die weibliche Bevölkerung im Gegensatz zu vielen anderen Ländern dieser Welt einen besonders hohen Status hat. Im Grundgesetz ist verankert, dass es keinen Unterschied zwischen Männern und Frauen geben darf. In der öffentlichen Diskussion findet dieses gesellschaftlich relevante Thema kaum noch statt. Jedenfalls nicht mit dem Tenor, es müsse sich für die Frauen etwas ändern oder die Situation der Frauen in Deutschland sei noch ein Problem. Die Konsequenz daraus ist, dass auch der Begriff Feminismus nicht die Schlagzeilen beherrscht.

Und doch: Hin und wieder schleicht sich die »Frauendebatte« in die Berichterstattung ein. So wurde zum Beispiel 2006 in der Wochenzeitschrift *Die Zeit* in einem Dossier die Forderung erhoben: »Wir brauchen einen neuen Feminismus!«[1] Und im Folgejahr widmete *Der Spiegel* dem Thema sogar eine Titelgeschichte: *Feminismus: Das wahre Geschlecht.*[2]

Obgleich es nicht die großen Headline-Geschichten sind, die Diskussion ist seit einiger Zeit wieder zart entfacht. Es wird von einer neuen Feminismusdebatte gesprochen und geschrieben. Selbst in den politisch konservativen Ecken dieser Republik ist das Wort mit dem großen F kein Tabu mehr.

1 Die Zeit, 24.08.2006, Nr. 35.

2 Der Spiegel, 24.07.2007. Nr. 30/2007.

Nicht ganz unschuldig an der flauen Diskussionsbrise ist die deutsche Dauerfeministin Alice Schwarzer. Diese stellte im Jahr 2007 fest, dass die Bewegung des Feminismus in Deutschland an Boden gewonnen habe: Für Alice Schwarzer sind Ursula von der Leyen und Angela Merkel Belege dafür, dass der Feminismus inzwischen dort angekommen ist, wo er auch hingehört: in der Mitte der Gesellschaft.[3]

Mit dieser die »Frauen-« oder »Feminismusdebatte« sehr einschränkenden Aussage hat sie scheinbar immerhin einige wache Geister auf den Plan gerufen. Denn wenn die Ikone der Gleichberechtigungsfragen solche Aussagen von sich gibt, ist es vielleicht an der Zeit, die aktuelle Situation der Frauen doch einmal genauer unter die Lupe zu nehmen.

Wenn nach Frau Schwarzer eine Regierungschefin und eine Ministerin – die anderen Ministerinnen im Kabinett Merkel scheinen den Feminismusbegriff nicht zu rechtfertigen – die Merkmale für aktiven Feminismus im Zentrum der Gesellschaft bedeuten, haben wir ja in der Bundesrepublik Deutschland zurzeit grundlegende feministische Lebensformen. Endlich leben die Frauen in Deutschland unter der Schirmherr- oder besser -frauschaft und erleben gleichberechtigte Zeiten. Unsere lieben Freundinnen, die Engländerinnen, dürfen diese sogar schon länger genießen. Schließlich war in Großbritannien mit Margret Thatcher bereits von 1979 bis 1990 eine Frau Premierministerin – glückliches feministisches Großbritannien. Endlich, endlich ist – nach der Definition von Alice Schwarzer – mit Kanzlerin Merkel nun auch Deutschland ein feministisches Frauenwunderland geworden.

Eine fragwürdige Position, doch dazu später mehr.

---

3 Elisabeth Klaus: Antifeminismus und Elitefeminismus – Eine Intervention, S. 180.

Irritationen treten auch dadurch auf, dass eine *neue* Debatte angesprochen wird. Ein *neuer* Feminismus soll diskutiert werden. Doch was soll eigentlich der Unterschied, die große Neuerung sein? Blickt man in die Vergangenheit der Frauendiskussion, keimt eher der gegenteilige Verdacht auf: Vieles, was schon einmal fest etabliert war in der Diskussion um die Frauen in der Gesellschaft, scheint vergessen worden zu sein. Vieles, was in früheren Zeiten mühsam differenziert wurde, wird plötzlich wieder zusammengeworfen. Also wird es wohl Zeit, die Vergangenheit wieder aufleben zu lassen, die alten Kämpfe in Erinnerung zu rufen und den Neuinterpreten der Frauenfrage (Frauen und Männern) nicht die Chance zu geben, die Frauen erneut gegeneinander auszuspielen.

Neu ist an der Debatte so gut wie gar nichts. Vielmehr finden sich einige Dauerbrenner wieder im Einsatz wie beispielsweise die Quote! Frauen per Quote an die Spitzen der Macht in Politik, Wirtschaft und Medien – so die Forderung. Wie immer bei dieser Diskussion findet die Reflexion, wie denn die Frauen in Deutschland davon profitieren, wenn Frauen nur aus Prozentsatz-Gründen hohe Positionen einnehmen, nicht statt. Frau Merkel ist doch wohl ohne Quote Kanzlerin geworden, aber gut, dazu kommen wir noch.

Da liest man, dass die Generalsekretärin der SPD – Frau Nahles – davon ausgeht, dass sie dieses Amt niemals erreicht hätte, wenn es in der SPD nicht seit einiger Zeit eine Quotenregelung gäbe. Abgesehen davon, dass es nicht die Funktion von Frau Nahles war, die Frau Schwarzer dazu bewogen hat, den Feminismus in Deutschland auszurufen, ist auch sonst nicht wirklich erkennbar, dass sich durch die Tätigkeit von Frau Nahles in herausgehobener Stellung etwas für die Frauen verändert hätte. Also: Auch die Frauenpolitik wirft Fragen auf.

Genereller Tenor ist jedoch, dass für die Frauen ja so unglaublich viel erreicht wurde. So viel, dass inzwischen – und das schon seit längerer Zeit – sogar schon erste arme Männer nach Gleichberechtigung rufen. Männer, die sich diskriminiert und von Frauen ausgebootet fühlen und daher fordern, dass endlich wieder etwas für ihre Artgenossen getan werden müsse. Ja, die Männer haben es zunehmend schwer heutzutage: Sie entfernen sich die Körperhaare, um (angeblich) attraktiver zu sein. Sie streben Idealmaße an. Und passend zum Waschbrettbauch wird für das perfekte Erscheinungsbild auch schon einmal das Hinterteil geliftet – wegen des angeblich für Frauen so attraktiven Knackpos. Die so genannten Schönheitschirurgen verzeichnen stetig mehr Zulauf von Männern, die sich ihre Falten wegspritzen lassen. Was für die Frauen die Brustvergrößerung oder -verkleinerung ist, ist beim Mann die Penisverlängerung. Sexuelle Merkmale des Körpers per Operation verbessern zu lassen, gerät ohne Frage bei den Männern immer mehr in Mode. Parallel dazu ist ein weiteres Merkmal des Körperwahns in der Männerwelt angekommen: die Gefahr von Magersucht. Applaus also für die Erfolge der Frauenbewegung. Die von Gegnern der Frauenemanzipation beschworene Gefahr der Gleichmacherei der Geschlechter hat im Hinblick auf den Schönheitswahn eine gewisse Bestätigung gefunden.

Das vergangene erste Jahrzehnt des neuen Jahrhunderts ist in einer Diskussion angekommen, die die alten Auseinandersetzungen wiederbelebt. Allerdings werden die geforderten Rechte nur für bestimmte Frauen angestrebt. Die Mehrheit der Frauen kann zusehen, wo sie bleibt … Am besten wohl da, wo der Staat und vor allem die Kirche in alter patriarchalischer Tradition sie schon immer am besten untergebracht sahen: am Herd, beschäftigt mit Kindererziehung, dankbar betend für ihre Existenz. Ausdruck dieser Entwicklung ist unter anderem die inzwischen in Deutschland quasi zum Leitsatz erhobene Redewendung »Hinter einem erfolgreichen Mann steht immer eine starke Frau«. Stark dürfen, nein, müssen sie sein, zum Wohle des Mannes, der Familie und der Gesellschaft. Ohne Frage bewegt sich für die überwiegende Mehrheit der Frauen das Rad der Geschichte zurück. Leider sind sie daran nicht selten sogar selbst beteiligt – weil sie entweder nicht erkennen oder das Wissen ignorieren, was ihr Handeln für andere Frauen bedeutet. Weil sie sich aufgrund ihres politischen oder beruflichen Erfolges als emanzipierte Wesen empfinden. Oder weil sie anderen Frauen schaden. Die Männer können sich einstweilen gelassen zurücklehnen, denn Alice Schwarzer hat es ihnen leicht gemacht, sich aus der Verantwortung zu stehlen, wenn wieder einmal Kritik an der gesellschaftlichen Entwicklung auftaucht. Ein kleines Zitat *der* Feministin per se und sie sind aus dem Schneider.

Die so genannte neue Diskussion dreht sich um die alten Fragen: Wann und für was sind Frauen in der Gesellschaft einsetzbar und in welcher Rolle? Die ökonomische Komponente spielt dabei gleichermaßen wie in den letzten Jahrhunderten eine entscheidende Rolle. Ebenso die Frage: Welche Frauen profitieren von welcher ökonomischen Situation? Sind die Möglichkeiten für alle Frauen inzwischen gleich? Die Antwort ist eindeutig »Nein«.

Es wird Zeit für einen Aufbruch im neuen Jahrhundert! Zwar brauchen wir keinen neuen Feminismus, aber die klaren Forderungen nach Gleichstellung beider Geschlechter sowie nach gleichen Möglichkeiten für alle Frauen müssen wiederbelebt werden.

Feminismus – mehr als nur ein Wort

»Ich glaube fast, um sich zu emanzipieren, braucht man Wut, vielleicht auch ein wenig Hass.«
Margarete Mitscherlich

Wenn wir von Feminismus sprechen, worüber reden wir dann eigentlich genau? Unbestreitbar ist die Erkenntnis, dass Feminismus etwas mit Frauen zu tun hat. Schließlich leitet sich das Wort vom lateinischen Wortstamm femina (Frau) ab. Dann aber wird es schon schwierig. Die Definitionen sind je nach Sichtweise des Betrachters oder der Betrachterin unterschiedlich und bisweilen unklar. Vermengt wird der Begriff gerne mit anderen Auffassungen und Vorgängen, die allerdings nicht immer die Wortwahl Feminismus rechtfertigen. So zum Beispiel das in der jüngeren Zeit in der politischen »Frauendiskussion« häufig auftauchende Wort der »Gender«-Politik. Spätestens hier kann man/frau sich vom Feminismus verabschieden. Doch dazu später.

Feminismus – was ist das denn nun? Eine bestimmte Richtung der Frauenbewegung, die um die Gleichberechtigung der Frauen in der Gesellschaft ringt, oder – schon etwas radikaler – eine Ideologie, die danach strebt, die gesellschaftliche Rollenverteilung zwischen Männern und Frauen zu verändern? Oder eine politische Richtung, die in der Gesellschaft die weibliche Vorherrschaft einführen will und damit der Männerherrschaft den Kampf ansagt: Nieder mit dem Patriarchat!

Auch die Frauen waren und sind sich bis heute nicht einig, welche dieser Bestrebungen tatsächlich die Zielsetzung des Feminismus sein soll. Unbestritten ist, dass die Diskussionen um feministische Ansätze – wie radikal oder soft auch immer – sich auf grundsätzliche Veränderungen in einer Gesellschaft beziehen. Die Grundidee hierzu geht auf Charles Fourier zurück, der bereits im 18. Jahrhundert den sozialen Fortschritt in einer Gesellschaft mit dem Begriff Feminismus und damit mit den Frauen verbunden hat. Der französische (Sozial-)Philosoph tat der Welt kund, dass eine soziale Freiheit dann erfolge, wenn Fortschritte in der Befreiung der Frau zu verzeichnen seien. Herr Fourier lebte von 1772–1837 – ein Kind der französischen Revolution also – und gilt als früher Sozialist. Nicht nur, weil er von der Befreiung der Frau als Ansatz für gesellschaftliche Veränderungen schrieb, sondern weil er eine grundsätzliche Position gegen Unterdrückung vertrat und schon damals formulierte, dass Menschen für ihre persönliche Freiheit einstehen sollten. Auch die sexuelle Freiheit war bei ihm Thema, da er diese als Bedingung für eine generelle soziale Gleichstellung betrachtete. Ihm hat die Welt es zu verdanken, dass bis heute die Befreiung der Frau in einer Gesellschaft als fortschrittliches Bestreben angesehen wird. Wann immer es darzustellen gilt, dass die notwendigen Änderungen in einer Gesellschaft mit der Stellung der Frau korrelieren, werden die Erkenntnisse des Herrn Fourier herangezogen. Er hatte den revolutionären Zeitgeist verinnerlicht und weiterverbreitet.

Die französische Nationalversammlung hatte am 26. August 1789 die Erklärung der Menschen- und Bürgerrechte proklamiert. Diese beginnt mit dem Satz: »Von ihrer Geburt an sind und bleiben die Menschen frei und an Rechten einander gleich.« Den Frauen brachte diese Klausel jedoch zunächst keine Vorteile, da die Kategorie *Mensch* erst einmal nur für das männliche Wesen galt, folglich also nur diesen die Menschen- und Bürgerrechte zugesprochen wurden. Als entscheidende Kraft für eine Reformierung dieser Ideologie und damit stellvertretend für viele Revolutionärinnen der damaligen Zeit wird zu Recht die Philosophin und Schriftstellerin Olympe de Gouges genannt. Sie hat im Jahr 1791 mit ihrer *Erklärung der Rechte der Frau und Bürgerin* dafür gesorgt, dass das Wort Mensch zukünftig nicht mehr mit dem Wort Mann gleichgesetzt wurde. Ihrer radikalen Forderung nach völliger Gleichstellung der Geschlechter haben Frauen es zu verdanken, dass sie seither als etwas Menschliches angesehen werden. Ihre Begründung war so einfach wie klar: »Die Frau hat das Recht, das Schafott zu besteigen; sie muss gleichermaßen das Recht haben, die Tribüne zu besteigen.«[4]

Aus dieser Zeit stammen auch andere bis heute wirkende Grundlagen zur Diskussion über Frauen und Männer und deren Verhalten zueinander. So hat etwa die Beschäftigung mit einem der grundlegenden Bedürfnisse der Menschen – weiblich wie männlich –, der Sexualität, in der damaligen Zeit grundsätzliche Reformen erfahren. Insbesondere für Herrn Fourier galt Sexualität als notwendiger Akt zur Entstehung von Harmonie. Da die Revolution im damaligen Frankreich zu den einflussreichsten Zeiten der europäischen Geschichte gehört und dazu natürlich die Schriften von Fourier, kann es nicht verwundern, dass auch in den bewegten Zeiten der 60er-Jahre des letzten Jahrhunderts auf seine Thesen zurückgegriffen wurde. Inwiefern das allerdings zum Wohle der Frau und zu deren Selbstbestimmung, auch der sexuellen, geführt hat, ist sehr fragwürdig.

4 Jutta Menschik (Hrsg.): Grundlagentexte zur Emanzipation der Frau, 1977, S. 13.

Wie bei allen Ideologien kann sich jeder etwas herauspicken, und dies muss nicht immer im Sinne des Erfinders sein. So gibt es natürlich auch kriminelle Auswüchse basierend auf der so genannten sexuellen Revolution. Hier ein erstes kleines Beispiel: Dem Gründer der Aktionsanalytischen Organisation (AAO), Otto Muehl, der u. a. wegen Unzucht mit Minderjährigen Anfang der 90er-Jahre des 20. Jahrhunderts in Österreich zu sieben Jahren Haft verurteilt wurde, wird zugeschrieben, dass er sich zur Begründung seiner strafwürdigen sexuellen Aktivitäten auch auf Charles Fourier und seine Schriften bezogen haben soll.

Unbestreitbar hat Fourier jedoch eine Entwicklung mit eingeleitet, die bis heute nicht beendet ist. Fourier ist der Vater des Begriffs Feminismus. Er beschäftigte sich intensiv mit der Gleichberechtigung von Mann und Frau. In seinem Werk *Aus der Neuen Liebeswelt* schrieb er etwa 1820: »Die Harmonie entsteht nicht, wenn wir die Dummheit begehen, die Frauen auf Küche und Kochtopf zu beschränken. Die Natur hat beide Geschlechter gleichermaßen mit der Fähigkeit zu Wissenschaft und Kunst ausgestattet.«

Für so klare Worte zur gesellschaftlichen Gleichstellung der Frau wäre man/frau heute manchmal dankbar.

Da der Feminismusbegriff dank Herrn Fourier und den revolutionären Frauen in der sozialistischen ideologischen Ecke zu verorten ist und sich daraus diverse Forderungen zur Änderung der gesellschaftlichen Situation (mal etwas sozialistischer, mal etwas sozialdemokratischer) entwickelt haben, verwundert es nicht, dass sich die Hüter der angeblich von Gott gewollten Ordnung bis heute kritisch mit dem Feminismus – und was sie darunter verstehen – auseinandersetzen. Die Kritik ist mal schärfer, mal weniger zugespitzt. In jedem Fall wird den Feministinnen pauschal etwas Antichristliches unterstellt, aber auch ein paar Unterschiede sind bei den beiden großen christlichen Konfessionen erkennbar: »Die (evangelische, d. Verf.) Kirche war nie ein Ort der Emanzipation. Das Thema Frauenordination war auf dem Kirchentag erst ein Thema, als es schon längst durchgesetzt war in den Landeskirchen.«[5]

Diese Aussage stammt von der im Jahr 2009 amtierenden Generalsekretärin des Evangelischen Kirchentages, Ellen Ueberschär. Und es geht weiter: Auf die Frage der *taz*: »Gleichberechtigung in der Kirche ist nur noch eine Frage der Zeit?«, antwortet die Generalsekretärin: »Wir stehen kurz davor. Trotzdem habe ich das Gefühl, es gibt eine gewisse Stagnation. (...) Die älteren Feministinnen stoßen an eine Grenze, sie haben ganz viel erreicht, finden aber keine Nachfolgerinnen. Die Generation der Dreißigjährigen, die interessiert der Kampf der Siebzigerjahre nicht mehr, die empfinden die feministische Theologie als Karrierehemmnis, auch in der Kirche.«[6]

Feministische Theologie – was darunter zu verstehen ist, kann man/frau bei den Evangelischen Frauen in Deutschland e. V. nachlesen: »Feministische Theologie ist eine kontextuelle Theologie, sie bezieht also gesellschaftliche, soziale, politische und zeitgeschichtliche Gegebenheiten in ihre Sichtweisen ein. Sie ist im Sinne der Frauenemanzipation eine parteiische Theologie und entstand aus der Kritik an der Dominanz männlicher Gottesbilder im gesellschaftlich-religiösen Bewusstsein, das weiblich geprägte Gottesbilder verdrängt und auf patriarchalischen Gesellschaftsverhältnissen beruht.«[7]

---

5 taz, 03.06.2011.

6 Ebd.

7 www.evangelischefrauen-deutschland.de.

In einem Interview im Jahr 2009 fällt das Stichwort feministische Theologie ... Ob das noch lange so sein wird? Aus der konservativen evangelischen Ecke und bei den Evangelikalen wird schon länger zum Gegenangriff geblasen. Die für die Fraktion der evangelikalen Gläubigen zuständige Nachrichtenagentur *idea* veröffentlicht seit einiger Zeit Aussagen über die Gefahren der Feminisierung der evangelischen Kirche und verdammt den theologischen Feminismus; so auch im Jahr 2007: »Wie die Nachrichtenagentur *idea* jetzt berichtet, beklagt der evangelikale Gemeindehilfsbund einen zunehmenden Einfluss des Feminismus in der evangelischen Kirche.«[8] Besondere Gefahr drohe den evangelischen Christen (Christinnen?) durch die der frauengeprägten Theologie Rechnung tragende *Bibel in gerechter Sprache*[9], wird diese Bibel doch auch angepriesen damit, dass sich dort Phrasen finden wie z. B. »die Jüngerin«.
Anscheinend ist für die evangelikale Szene damit das Maß des feministischen Einflusses endgültig überschritten. So wettert der Vorsitzende des evangelikalen Gemeindebundes, Jürgen Cochlovius[10]: In der *Bibel in gerechter Sprache* übernehme der Feminismus die »Deutungshoheit« über die Auslegung der Bibel und verändere den Bibeltext eigenmächtig. So werde die Selbstoffenbarung Gottes als Vater durch diese feministische Bibelübertragung zerstört. Als Folge dieser Entwicklung sieht der Gottesmann Schreckliches auf die evangelische Christenwelt zukommen und einiges Furchterregendes sei bereits durch diese »Feminisierung« geschehen: »Neuzeitliche Ideen, Ideologien und gesellschaftliche Trends setzen biblische Weisungen außer

8 www.bibel-wissen.de.
9 Ulrike Bail ua. (Hg.), Bibel in gerechter Sprache, 2006.
10 www.wegedeslebens.info/HOME/SchlussMitEvangelisch.html.

Kraft.« Als Beispiele nennt Cochlovius unter anderem die Frauenordination, die langfristig zu einer Feminisierung der Kirche führe, sowie die Zulassung der Segnung homosexueller Lebensgemeinschaften in zahlreichen Landeskirchen.

Unter Berufung auf die Bibel wird dem Feminismus allerdings mehr unterstellt. Dagegen klingen die Sorgen des Gottesmannes Cochlovius fast verständnisvoll:

»Ziele des Feminismus

a. Kampf gegen den »Sexismus« (Heraushebung im Original, d. Verf.) (...)
b. Überwindung des Patriarchats (...)
c. Totale Aufhebung der geschlechtsspezifischen Aufgabenverteilung (...)
d. Vollkommen frei auslebbare Sexualität bis hin zu Lesbianismus und Inzest (...)
e. Die Schaffung des androgynen Wesens (mann-weibliches Zwitterwesen) der Zukunft, das die jeweils wertvollen männlichen und weiblichen Eigenschaften in sich vereinigen und das kommende Weltfriedensreich schaffen soll.«[11]

Na, da scheint aber jemand wirklich Angst vor Frauen zu haben! Traurigerweise befindet sich der Schreiber dieser Zielvorgaben des Feminismus sehr nahe an den Frauenvorstellungen des Vatikans. Im Jahr 2004 wird über einen 37-seitigen Brief von Papst Johannes Paul II. in den Medien berichtet, in dem er den »weltweiten Feminismus« an-

11 www.bible-only.org/german/handbuch/Feminismus.html.

prangert. Laut dieser Berichterstattung wirft der Papst dem Feminismus vor, »die biologischen Unterschiede zwischen Mann und Frau abzuschaffen«.[12]

Verfasst hat diese Kampfschrift der damalige Leiter der Glaubenskongregation, Kardinal Joseph Ratzinger. In seiner Schrift von 2004 heißt es laut Presse im vierten Kapitel, die katholische Kirche habe durch die Verehrung Marias bewiesen, wie hoch sie Frauen schätze: »Maria ist ein Vorbild, auf das wir schauen müssen, was Geduld und Vertrauen angeht und die Fähigkeit zuzuhören.«[13] Demnach ist davon auszugehen, dass der heutige Papst Benedikt XVI. ein Frauenbild propagiert, das mit den gegenwärtigen angeblichen Standards der Chancengleichheit unvereinbar ist: eine demütige Frau. Das Frauenbild wird also insbesondere durch eine der prägendsten Institutionen unserer Gesellschaft nach wie vor – oder wieder? – auf ein bestimmtes Verhalten reduziert. In einem modernen Europa muss man sich doch fragen, warum das so ist. Es scheint, als stelle der Vormarsch der Frauen – soweit man dies überhaupt so nennen kann – eine ernsthafte Bedrohung für die über Jahrhunderte so fleißig gepflegte Männermacht-Position dar. Warum sonst wäre eine so strikt distinktive Rollendefinition notwendig?

Die Auseinandersetzung um »Feminismus« ist somit immer auch eine ideologische Diskussion. Ausgehend von den revolutionären Zeiten des 18. und 19. Jahrhunderts in Europa haben sich fast alle großen Denker, die sich mit Machtverhältnissen in einer Gesellschaft befasst haben, auch mit den Lebens- und Liebesverhältnissen von Frauen auseinandergesetzt. Die Religionen oder deren Repräsentanten standen

---

12 www.spiegel-online.de, 30.07.2004.

13 Ebd.

und stehen dabei immer mit auf der Agenda. Das gilt für das Christentum genauso wie für die anderen Weltreligionen. In der westlichen Welt spielten in der Auseinandersetzung um den Feminismus natürlich die christliche Lehre und deren Frauenfeindlichkeit die stärkste Rolle. Dazu gleich mehr. Interessant ist allerdings zunächst die Feststellung, dass sich im Hinblick auf den Islam und dessen Frauenfeindlichkeit alle Lager – einschließlich der Frontfrau Schwarzer – einig sind, dass diese Religion frauenfeindlicher daherkommt als das Christentum. Beziehungsweise dass feministische Ansätze und die Befreiung der Frauen in der christlichen Welt vorangeschritten sind und die armen muslimischen Frauen so etwas wie den Kampf um ihre Rechte gar nicht kennen. Es wird nahezu gänzlich außer Acht gelassen, dass es durchaus auch im Islam von engagierten Frauen geführte Diskussionen gibt, um die Lebenssituation der Frauen unter der Maxime des Koran zu verändern. Die Vorstellung von einem islamischen Feminismus scheint hier nicht ins Konzept zu passen. Die Solidarität – die Angemessenheit dieses Begriffs einmal vorausgesetzt – mit muslimischen Frauen findet ausschließlich in der Verdammung des Islam als Schreckgespenst statt. Die Tatsache, dass es auch unter den Vorzeichen des Korans einen Kampf um Gleichberechtigung und Gleichstellung gibt, wird in der feministischen Diskussion der neueren Zeit gern ignoriert. Dabei wäre es doch sicher eine lohnenswerte Vernetzung; schließlich sind die Parallelen, ausgelöst durch extreme religiöse Auslegungen der jeweiligen Lehre, doch klar erkennbar. Der Kampf der Frauen, unabhängig von ihrer Religion, sollte doch gemeinsam geführt werden. Es gibt sie, die Frauen, die Muslimas, die gegen die männerbeherrschte Koran-Welt kämpfen, die ihre Stimme

erheben. Stellvertretend zum Beispiel Amina Wadud, bis 2008 Professorin für Islamwissenschaften an der Virginia Commonwealth University in Richmond. Sie publizierte mehrere Bücher zur Stellung der Frau im Islam und setzt sich für die Gleichstellung ein. In einem *taz*-Interview aus dem Jahr 2011 bezieht sie Position zu den politischen Veränderungen in der Arabischen Welt. Auf die Frage, ob die Umgestaltung der arabischen Staaten nicht mehrheitlich in der Hand von Männern liege, antwortet sie: »Natürlich gibt es diese Leute, die Frauen von der Teilhabe der Errungenschaften abhalten wollen, die sagen: ›Wir wollen euch gern auf dem Tahirplatz die Transparente hochhalten sehen, aber ihr könnt nicht für das Amt des Präsidenten kandidieren.‹ Diese Position gibt es. Aber der Unterschied ist, dass wir jetzt eine kritische Masse von Frauen haben – und diese Frauen gehen nach der Revolution nicht einfach so nach Hause. Diese Frauen sind kompetent, sie haben Fähigkeiten, sie haben das Wissen über den Islam, sie haben die Motivation – persönlich, spirituell, politisch, akademisch und intellektuell –, für ihre Teilhabe in einem neuen Ägypten, Libyen, Syrien oder Jemen zu kämpfen.«[14]
Amina Wadud spricht dann auch aus, was die Mühen des Kampfes ausmachen und gegen welche ideologische Strömung die Frauen und islamischen Feministinnen es am schwersten haben: »Die Fundamentalisten konkurrierten (...) bald mit den Frauenrechtlerinnen, insbesondere in der Frage, inwieweit Frauen Bürger zweiter Klasse seien oder eben nicht. Für die Fundamentalisten war der Gedanke der Gleichberechtigung von Mann und Frau oder auch die Identifikation mit den Menschenrechten Teil westlichen Gedankenguts – und mit dem Islam unvereinbar. Die Fe-

14 taz, 17.08.2011.

ministinnen vertraten sehr schnell die Ansicht, dass das Problem in der Religion selbst liege.«[15]

Zur Kenntnis sollte nun wirklich genommen werden, dass es in Bezug auf die Frauenrechte und den langen Weg zur Emanzipation der Frauen unerheblich ist, welcher religiöse Geist – ob christlich oder muslimisch – die Frauen gesellschaftlich erniedrigt und die Männer überhöht.

Mit der christlichen Lehre als vorherrschende Religion wurde sich selbstverständlich im besonderen Maße auseinandergesetzt. Kritiker schreiben ihr mit die Schuld zu, warum Frauen unterdrückt wurden. Je nach Beurteilung der gesellschaftlichen Gesamtsituation und der Notwendigkeit der Veränderung fällt die Auseinandersetzung mit biblischen Vorgaben und damit der christlichen Gesellschaftslehre kritischer oder unkritischer aus. So findet beispielsweise die heutige eher konservative Frauenliga, auf die ich später einen genaueren Blick werfe, die Kirchenzugehörigkeit im Gegensatz zu einigen anderen Gruppierungen recht erstrebenswert.

Die massivste Kritik und Interpretation biblischer Texte im Hinblick auf die Frauen kommt – wie schon bei der französischen Revolution – aus der linken gesellschaftskritischen Ecke. So widmet August Bebel (1840–1913) in seinem Buch *Die Frau und der Sozialismus* auch dem Christentum einige Seiten. August Bebel gründet mit Wilhelm Liebknecht 1869 die *Sozialdemokratische Arbeiterpartei* (SDAP), die einige Jahre später zur *Sozialdemokratischen Partei Deutschlands* (SPD) wird. *Die Frau und der Sozialismus* gilt als wichtigstes publizistisches Werk Bebels. Es erscheint illegal erstmals

15 Ebd.

1879 und gehört nach Einschätzungen vieler Historiker zu den meistgelesenen marxistischen Schriften der damaligen Zeit. Gerade die SPD hat also die ideologische Betrachtung der »Frauenfrage« mit der Muttermilch – oder eher mit der väterlichen Interpretation – aufgesogen.

August Bebel schreibt in seinem Kapitel über das Christentum Folgendes: »Die Frau ist nach dem Christentum die *Unreine,* die Verführerin, welche die Sünde in die Welt brachte und den Mann zugrunde richtete. Daher haben die Apostel und die Kirchenväter stets die Ehe nur als ein notwendiges Übel angesehen, wie man das heute von der Prostitution sagt. Tertullian ruft: ›Weib, du solltest stets in Trauer und Lumpen gehen, dem Blick deine Augen voll Tränen der Reue darbietend, um vergessen zu machen, dass du das Menschengeschlecht zugrunde gerichtet hast. Weib! Du bist die Pforte zur Hölle!‹ (...) Hieronymus sagt: ›Die Ehe ist immer ein Laster, alles, was man tun kann, ist, sie zu entschuldigen und zu heiligen‹, weshalb man sie zum kirchlichen Sakrament machte.«[16]

Seitdem ist die Ehe zwischen Mann und Frau als Gesellschafts- und Kirchenideal festgeschrieben. Nur als brave Gattin findet die Frau im Ansehen der Kirche eine wahre Daseinsberechtigung.

Die gesellschaftliche Auseinandersetzung über das Zusammenleben von Mann und Frau kommt niemals an dem Thema Sexualität vorbei.

Eine zentrale Frage ist hierbei, welche Bedeutung den sexuellen Begegnungen der Geschlechter zukommt, was im Wesentlichen von den Einflüssen abhängt, die den je-

16 August Bebel: Die Frau und der Sozialismus, 1980, S. 85.

weiligen Blick auf das andere Geschlecht geprägt haben. Spätestens jetzt kommt niemand mehr an der christlich geprägten Gesellschaft vorbei, die nun einmal das soziale Grundgerüst der Bundesrepublik Deutschland und ihrer Nachbarländer bestimmt.

Sexualität und deren Verteufelung durchziehen stark die christliche Lehre. Davon sind erst einmal beide Geschlechter betroffen. Allerdings fällt der Frau bibelkonform ja automatisch die Rolle der Sünderin und Verführerin zu. »Bereits im Neuen Testament aber präsentiert das Apostelkonzil in seinem Dekret als Kapital- oder Todsünden die bekannte Trias: Götzendienst, Unzucht und Unmoral. Es wurden die klassischen Vergehen im Christentum, die crimina schlechthin. (...) Der wohl größte Prediger christlicher Sündenpsychose indes steht gleich am Beginn: Paulus. Unentwegt warnt, beschwört, ängstigt er: ›Die Sünde ist in die Welt gekommen‹, der Leib ist ›von der Sünde beherrscht‹, das ›Gesetz der Sünde‹ steckt in den ›Gliedern‹, ›Gott hat die Sünde im Fleische‹ verurteilt, die Menschen sind ›Sklaven der Sünde‹, ›Knechte der Sünde‹, ›an die Sünde verkauft‹, ›alle haben gesündigt‹ und so weiter, Zitate übrigens nur aus dem Römerbrief.«[17] Bei so viel Verteufelung fleischlicher Lust wundert es, dass in der christlichen Welt überhaupt noch Kinder gezeugt wurden. Doch scheinbar können letztlich keine Drohungen himmlischer Verdammnis, die mit den Mahnungen des Paulus einhergehen, den Spaß der Menschen an diesem körperlichen Miteinander mindern.

Auffällig ist, dass, obwohl bei enger Auslegung der christlichen geschlechtlichen Werteskala im Hinblick auf die Sexualität durchgängig den Männern mindestens ein schlechtes

17 Karl-Heinz Deschner: Das Kreuz mit der Kirche, 1974, S. 304.

Gewissen ob der sündigen Tätigkeit eingeredet wird – egal ob die Fleischeslust sie bei weiblichen oder männlichen Wesen erfasst –, die Stellung der Frau deutlich sündiger eingestuft wird. Die Frau ist mit der Erbsünde behaftet. Eva verführte Adam im Paradies, die Geschichte ist bekannt. Eva ist die Verführerin, die Frau somit die Verderbte. Doch kennt die christliche Lehre noch eine andere Frau – Maria, die jungfräuliche Mutter Jesu. Die Aufteilung in zwei Arten von Frauen ist klar gegliedert: die böse Verführerin, die die Vertreibung aus dem Paradies bewirkte, und die unbefleckte, heilige Mutter Gottes.

Sicher, die christlichen Theologen haben die Bedeutung der Erbsünde immer wieder diskutiert. Nicht nur die katholischen Institutionen taten und tun sich schwer mit der Erblast aus dem Paradies, aber los wird die Menschheit sie wohl nie. Auch nicht durch die Gelehrten der Protestanten.

Dass sich diese Lehre und damit das Frauenbild in der westlichen, christlichen Welt über Jahrhunderte weiter verfestigte und eigentlich nicht mehr tilgbar ist, haben die Menschen unter anderem einem Heiligen zu verdanken, dem in sämtlichen christlichen Varianten Gedenktage gewidmet sind: Augustinus von Hippo oder auch Augustinus von Thagaste (354–430). Im *Ökumenischen Heiligenlexikon*[18] wird sein Wirken wie folgt beschrieben: »Augustinus war einer der größten Theologen der Kirchengeschichte. In der geistigen Auseinandersetzung mit den philosophischen und religiösen Strömungen seiner Zeit entwickelte Augustinus seine Lehren von der Erbsünde, der göttlichen Gnade, der göttlichen Souveränität und der Prädestination, die über Jahrhunderte bis ins hohe Mittelalter die katholische Theologie, dann auch die Reformation des Augustiner-

18 www.heiligenlexikon.de.

mönches Martin Luther beeinflussten.« Nicht zu lesen in der Glorifizierung dieses »größten Theologen der Kirchengeschichte« ist seine Bedeutung für die Entwicklung des Ekels im Hinblick auf Sexualität. Um diesbezüglich Näheres zu erfahren, muss man kirchenkritische Geister zu Rate ziehen: »Augustinus, laut Theodor Heuss (zur Erinnerung: der erste Bundespräsident der Bundesrepublik Deutschland, d. Verf.) ›der tiefste und reinste Brunnen‹, der aus der katholischen Anschauung ›schöpft‹, Augustinus, der nicht nur ein Liebhaber von Frauen war, sondern vielleicht auch von Männern, der seine eigenen sexuellen Probleme nicht meisterte, zwischen Genuss und Frustration hin und her taumelte, der beten konnte: ›Gib mir Keuschheit ..., doch nicht gleich!‹, der erst fromm wurde, als er sich satt gehurt, als sein Faible für Frauen, wie bei manchen alternden Männern, ins Gegenteil umschlug (...), dieser Augustinus schuf die klassische, besonders die Konkupiszenz (heftiges Verlangen, Begierde) bekämpfende Sündenlehre der Patristik und bestimmte damit maßgeblich die christliche Moral und das Schicksal von Millionen sexuell gehemmter und verklemmter Abendländer bis heute.«[19]

Vor dem Hintergrund dieser offensichtlichen männlichen Triebhaftigkeit ist es logisch, dass die ersten Frauen, die für ihr Geschlecht mehr Freiheit und Gleichheit in der christlich geprägten westlichen Welt forderten, am von den KirchenMÄNNERN entworfenen Bild der Frau heftig rüttelten.

Simone de Beauvoir stellt in ihren Schriften fest, dass die christliche Dogmatik nicht wenig zur Unterdrückung der Frau beigetragen hat.[20] Damit gehört sie noch zu denjenigen, die vorsichtig formulieren. Der britische Mediziner

19 Deschner, aaO., S. 304.

20 Simone de Beauvoir: Das andere Geschlecht, dt. Erstausgabe 1951.

Alex Comfort, der vor allem durch sein Buch *Die Freude am Sex* berühmt wurde, geht mit der christlichen Lehre wesentlich schärfer ins Gericht: »Die bedeutendste negative Leistung des Christentums war die ›Problematisierung‹ der Sexualität.«[21] Natürlich hat er damit Kommentare von christlicher Seite heraufbeschworen. So werden 1966 in einer Veröffentlichung der Evangelischen Zentralstelle für Weltanschauungsfragen Herr Alex Comfort und seine Ansichten wie folgt beschrieben: »Die Verfechter der ›christlichen Moral‹ werden als prophetische Heckenschützen bezeichnet. (...) So sei also die christliche Sexualmoral ein entscheidendes Mittel für die Kirche geworden, um ihre Herrschaft über die Menschen aufzurichten.«[22]

Ähnliche Textbeispiele, in denen ein unmittelbarer Zusammenhang zwischen der Unterdrückung der Frau und den christlichen *Wertesystemen* des Abendlandes hergestellt wird, finden sich auch bei anderen Kirchenkritikern. Die Frauen sind über Jahrhunderte beschmutzt worden, was natürlich auch juristische, soziale und bildungspolitische Folgen hatte. Für die Feministinnen galt daher, endlich Änderungen zu erreichen, und das ging nur laut und nicht selten völlig kompromisslos.

---

21 Alex Comfort: Der aufgeklärte Eros, 1964.

22 Kurt Hutten: Die sexuelle Revolution, Evangelische Zentralstelle für Weltanschauungsfragen (EZW), Information Nr. 20, IV 1966, S. 4.

Sei frei, liebe wie und wen du möchtest

Die sexuelle Befreiung der Frau zog viele Diskussionen – auch unter den Frauen der Frauenbewegungen – und Forderungen nach sich. Die Feministinnen verlangten von allen Frauen offene Bekenntnisse zur eigenen Sexualität sowie zur Lasterhaftigkeit und versuchten, ein selbstbewusstes Auftreten sowohl der rollenkonformen Ehefrau als auch der selbstständig lebenden, erwerbstätigen Frau und der Mutter eines unehelichen Kindes zu etablieren. Auch kämpften sie gegen das gängige Hurenbild: eine immer für die sexuellen Gelüste des Mannes bereitliegende Frau.

Schon der Suffragetten-Bewegung zu Beginn des 20. Jahrhunderts war die Veränderung der sexuellen Beziehungen zwischen Männern und Frauen ein starkes Bedürfnis. Ein offener Umgang mit sexueller Lust sowie eine Steigerung des Ansehens von unverheirateten Müttern und deren Kindern – die früher mit dem Makel der so genannten unehelichen Geburt behaftet waren – gelang weitestgehend in den 1970er-Jahren. Oberflächlich betrachtet, ist die Frau des 21. Jahrhunderts frei, sich ihre sexuellen Partner auszusuchen, zu entscheiden, ob (und wen) sie heiratet. Kinder allein großzuziehen, ist gesellschaftlich nicht mehr geächtet. Dennoch werden die Rahmenbedingungen, diese Freiheiten tatsächlich zu nutzen, immer noch vom alten Geist diktiert. Das wird vor allem deutlich in der Wirtschaft, an den immer noch begrenzten Möglichkeiten, Kindererziehung und Beruf wirklich miteinander zu vereinbaren, aber dazu kommen wir noch.

Verändert hat sich durch die Frauenbewegung auch der Blick auf homosexuelle Partnerschaften. Die Verdammung gleichgeschlechtlicher Beziehungen hat – wie kann es anders sein – ihren Ursprung ebenfalls in der christlichen Lehre. »Gleichgeschlechtliche Liebe galt im christlichen Abendland nun lange als todeswürdiges Verbrechen. Noch die bis Ende des 18. Jahrhunderts allgemeingültige Peinliche Halsgerichtsordnung Karls V., des ›weltlichen Oberhauptes‹ der Christenheit, des Schirmvogtes der Kirche, belegt Sexualverkehr zwischen Mann und Mann oder Frau und Frau mit dem Feuertod.«[23] Die weltliche strafrechtliche Verfolgung setzte sich in der Bundesrepublik Deutschland bis in die 70er-Jahre des 20. Jahrhunderts fort. Die Abschaffung der entsprechenden §§ 175 und 175a des bundesdeutschen Strafgesetzbuches wurde in den Zeiten der sexuellen Revolution und der von den Frauen geführten Diskussionen um sexuelle Befreiung miterwirkt. Bis dahin hatte es keinen Zweifel an der Richtigkeit der Strafbarkeit dieser sexuellen Handlungen gegeben. Die weltliche strafrechtliche Knute traf hier allerdings im Wesentlichen die Männer. Für diese unterschiedliche Sichtweise werden zumeist biologische Gründe angegeben. Außerdem mögen die Selbstgefälligkeit der Männer und ihre Fantasien dazu beigetragen haben. Es scheint immer noch eine weit verbreitete Ansicht zu sein – auch wenn es nicht mehr zeitgemäß ist, es auszusprechen –, homosexuelle Frauen müssten nur einmal an den richtigen Mann geraten, um die Lust an Frauen zu verlieren und auf den richtigen Geschmack zu kommen. Genauso gehört es zu den standardmäßigen Männerfantasien, Sex mit mehreren Frauen zu haben, die sich dann in seiner Anwesenheit auch gegenseitig sexuell verwöhnen dürfen. Allerdings mit dem Ziel, seine Lust zu steigern.

23 Deschner, aaO., S. 314.

Im Jahr 1962 begründet die damalige Bundesregierung unter Konrad Adenauer den Weiterbestand des § 175 im Strafgesetzbuch damit, dass mehr als in anderen Bereichen der Rechtsordnung gegenüber der männlichen Homosexualität die Aufgabe des Staates darin bestehe, durch die sittenbildende Kraft des Strafgesetzes einen Damm gegen die Ausbreitung eines lasterhaften Treibens zu errichten, da dieses, wenn es um sich griffe, eine schwere Gefahr für eine gesunde und natürliche Lebensordnung im Volke bedeuten würde. In den 70er-Jahren endlich änderte sich das Gesetz. 1973 wurde auch die Sprache anders. Verbrechen und Vergehen wider die Sittlichkeit gab es von nun an nicht mehr; übrig blieben allein – und das zu Recht – die »Straftaten gegen die sexuelle Selbstbestimmung«, womit sexuelle Handlungen an Minderjährigen definiert wurden.

In der feministischen Bewegung spielten homosexuelle weibliche Neigungen eine große Rolle. Allerdings wurden Feministinnen schon als »lesbisch« bezeichnet, sobald sie sich mit der Diskussion um weibliche Homosexualität in der Gesellschaft beschäftigten. Die Losung war einfach – wer als Frau für lesbische Frauen kämpft, muss selbst eine sein –, ebenso das Ziel: die Beleidigung und Diffamierung der feministischen Bewegung. Bei einigen heterosexuellen Frauen, die sich für den Feminismus engagierten, zeigte diese Hetze durchaus Wirkung. Die Furcht, als lesbisch bezeichnet zu werden, berührte reale Ängste. Die Beziehung zu einem Mann konnte belastet werden.

Die Ansicht »Feministin ist gleich lesbisch« ist teilweise heute noch verbreitet. Viel hartnäckiger hält sich allerdings das Vorurteil, Feministinnen seien unweiblich. Gegen diese Abwertung durch die Mehrheitsgesellschaft kämpften die

Homosexuellenbewegung und die Feministinnen Hand in Hand. Ein Teil dieser Bewegung – insbesondere Frauen mit homosexuellen Neigungen – sah (und sieht) die Diffamierung der eigenen sexuellen Orientierung nicht zuletzt in der grundsätzlichen männerbeherrschten Ordnung begründet. Nach dieser Ansicht wird ein absolut freies Ausleben sexueller Vorlieben erst möglich sein, wenn die von Männern bestimmte Welt endgültig Vergangenheit ist. Dokumentiert wird das in Schriften wie *The Woman Identified Woman*, wo es heißt: »Zunächst sollte begriffen werden, dass Lesbianismus, wie männliche Homosexualität, eine Verhaltenskategorie ist, die nur in einer sexistischen Gesellschaft möglich ist, die starre Geschlechterrollen und männliche Vorherrschaft hervorbringt. (...) In einer Gesellschaft, in der Männer Frauen nicht unterdrücken und die Sexualität ausschließlich den Gefühlen nachgeben darf, würden die Kategorien ›Homosexualität‹ und ›Heterosexualität‹ verschwinden.«[24] Hiervon sind wir zwar auch im 21. Jahrhundert noch weit entfernt, doch scheint Homosexualität immerhin in unserer Gesellschaft kein Grund mehr für Diskriminierungen zu sein. Schließlich dürfen inzwischen Bürgermeister bekennend schwul sein, und auch das Amt des Bundesaußenministers wird durch die sexuelle Vorliebe des Herrn Westerwelle für Männer nicht beschmutzt. Niemand würde sich heute noch trauen, öffentlich derartige Befürchtungen zu äußern. Also alles wunderbar in Deutschland für die schwulen und lesbischen Menschen?

Dass zumindest dieser Schein in der Bundesrepublik Deutschland erweckt wird, resultiert nicht zuletzt aus den

24 Zitiert in: Jutta Menschik, aaO.,1977, S. 304.

Bemühungen der Frauen um die Wahrnehmung ihrer Sexualität. Ihr Kampf ging dieser Entwicklung voraus; teilweise traten dieselben Akteurinnen auf den Plan, und so hat der Feminismus auch die Denkweise hinsichtlich der Homosexualität politisch verändert.

Eine dieser »Doppelkämpferinnen« ist die wunderbare Schauspielerin und Komödiantin Hella von Sinnen. Sie engagierte sich als Feministin unermüdlich für die Anerkennung ihrer Liebesleidenschaft zu Frauen und wie kaum eine andere Feministin wetterte sie gegen die Diskriminierung von Schwulen und Lesben. Ohne Menschen, ohne Frauen wie sie wäre vieles nicht möglich gewesen. Natürlich hat sie sich mit ihrer Frau Cornelia Scheel auch an der »Aktion Standesamt« des Deutschen Lesben- und Schwulenverbandes (LSVD) beteiligt. Seit 2001 gibt sich Deutschland auch hier fortschrittlich. Man kann gleichgeschlechtliche Partnerschaften beim Standesamt eintragen lassen. Sicher ein großer Erfolg auf dem Weg der Gleichstellung von Paaren. Aber auch da bleibt noch einiges zu tun. Kinder adoptieren: mehr als schwierig, wenn nicht fast unmöglich, es sei denn, man ist schwul und prominent. Die Gleichstellung mit einer heterosexuellen Ehe ist auch in anderen juristischen Fragen noch lange nicht erreicht. Aber ja, es ist ein Schritt des Erfolges. Doch leider lassen die weiteren Schritte auf sich warten und man kann sich des Eindrucks nicht erwehren, die deutsche Republik gebe sich mit einigen bekennenden Schwulen in herausragenden Ämtern toleranter, als es den Tatsachen entspricht.

Hält man die Ohren offen und verfolgt regelmäßig verschiedene Presseorgane, fällt sofort auf, dass es in bestimmten Berufen, wie zum Beispiel im Sport, bei Boxern oder Fußballern, keine bekennenden schwulen Männer gibt. Es ist kaum vorstellbar, dass vor allem bei dem Breitensport Fußball kein schwules Talent auffindbar ist. Die Akzeptanz scheint hier schlicht noch nicht angekommen zu sein. Andererseits wird, zwar leise, aber doch vernehmbar, beim Frauenfußball oder beim Frauenboxen eine große Anzahl von Lesbierinnen vermutet.

Da ist es wieder, das alte Klischee! Frauen, die sich eindeutig Männern zugeordneten Domänen nähern, haben immer damit zu kämpfen, dass ihnen die Weiblichkeit abgesprochen wird und sie in der »Lesbenschublade« abgelegt werden. Denn eine richtige Frau ist natürlich heterosexuell! Ein Outing nach dem Motto »Ich bin schwul und das ist auch gut so« vom Regierenden Bürgermeister in Berlin, Klaus Wowereit, vor seiner ersten Kandidatur für das hohe Amt, wurde in weiblicher Form noch nie geäußert. Es kann auch bezweifelt werden, dass ein derartiges lesbisches Outing dieselben positiven Reaktionen hervorrufen würde. Klaus Wowereit wurde vor allem Mut attestiert. Wie lange müssen wir warten, um festzustellen, inwieweit hier wohl Gleichberechtigung besteht?

Wahrscheinlich noch sehr lange, aber träumen ist ja nicht verboten: Träumen nicht nur von der völligen Gleichstellung homosexueller Partnerschaften mit den heterosexuellen, sondern auch davon, dass sich endlich wieder etwas bewegt in Richtung Frauenemanzipation. Träumen wir doch mit Margarete Mitscherlich: »Ich träume davon, dass eines Tages alle Frauen wirklich frei sind (…). Denn nur wenn alle Menschen gleich frei sind, können sich Gesellschaften entwickeln und ihr Potenzial entfalten.«[25]

---

25 Ebd.

Frauenpolitik = Politik für Frauen?

Frauen und Männer, die beiden Geschlechter der Menschheit. Seit es sie gibt – und das ist ja nun schon eine ganze Weile –, müssen sie miteinander auskommen. Die Basis hierfür ist von Anfang an geklärt. Der weibliche Teil bekommt die Kinder, der andere ist in der Lage, die Nachkommen zu zeugen. Beschränkt man das Zusammenleben auf diesen Fortpflanzungsaspekt, sollte es eigentlich nicht schwierig werden. Allerdings brauchen menschliche Lebewesen auch Nahrung, um zu überleben, und ein Heim. Spätestens ab dieser Feststellung wird es kompliziert. Wer beschafft die Nahrung, wer bereitet sie zu? Wer stellt das Heim bereit, wer hält es instand? Diese Fragen allein bergen schon ein großes Konfliktpotenzial, doch es wird noch »schlimmer«: Welche dieser Aufgaben ist wohl verantwortungsvoller? Insbesondere über diese letzte Frage herrscht seit ewigen Zeiten Uneinigkeit – und diese gipfelt in einer Infragestellung des gesamten grundlegenden, evolutionären Mann-Frau-Gefüges: Ist die Kinderzeugungsfähigkeit des Mannes der entscheidende Faktor zur Arterhaltung oder die Gebärfähigkeit der Frau?

Das Zusammenleben der beiden Geschlechter und ihrer Nachkommen wird unter die Gesellschaftspolitik und kleinteilig in die Familienpolitik sortiert. Die ordnenden Ströme innerhalb einer Gesellschaft unterliegen selbstverständlich den jeweils handelnden Personen, Männern wie Frauen. Auch das Wort *Gesellschaft* hat Definitionen und Entwicklungen erfahren, von *einfachen* Gesellschaftsformen hin zu einer so genannten *zivilisierten* Gesellschaft, die die Verhältnisse zwischen den Menschen klar regelt und für ein möglichst gewaltfreies Miteinander sorgt.

Kein gesellschaftliches System kommt ohne bestimmte Machtfaktoren aus. Mann und Frau brauchen Regeln, und diese werden geschaffen von denen, die Macht innehaben. Macht über andere, die erkämpft oder vererbt wird. Statt nun in ausschweifenden soziologischen und philosophischen Abhandlungen zu versinken, kommen wir an dieser Stelle aus Platzgründen gleich zum Ergebnis und konstatieren: Das männliche Geschlecht hat sich gegenüber dem weiblichen als mächtiger durchgesetzt.

Als Zeitpunkt der Machtübernahme der Männer über die Frauen wird in der Regel die Abkehr vom Nomadenleben gesehen. Die Begründung klingt sehr wirtschaftlich: Nun, da man in einer Gemeinschaft auf begrenztem Raum, mit Häusern und Vieh und Garten, zusammenlebte, seien die Männer auf die Idee gekommen, sich abzusichern, welche Kinder von ihnen abstammen, um dem richtigen Erben seine Besitztümer zu hinterlassen. »Einlinige Verwandtschaft, matrilinear oder patrilinear, entstand erst mit der Sesshaftigkeit der Jungsteinzeit um 10.000 v. Chr. durch Ackerbau und Viehzucht.«[26] Konsequenz dieser Besitzsicherung – so die Argumentation der Theorie – war die Unterjochung der Frau, die von nun an sexuell unfrei und wirtschaftlich abhängig lebte. Ihr Aufgabenfeld wurde streng abgesteckt, um sie möglichst nah am Haus und fern von anderen Männern zu halten: Kochen durfte sie noch und sich um die Kinder kümmern. Der gesellschaftliche Weg – weg von einer Gemeinschaft, in der jedes Mitglied für das gesamte Völkchen

26 Die Zeit, 05.05.2011, Nr. 19.

arbeitete und kämpfte – führte fortan zu einer Gesellschaft der Knechtschaft der Frau für ihren Mann.

Sehr ausführlich hat sich u. a. August Bebel mit dieser Entwicklung beschäftigt. Er sah die entscheidende Entwicklung in der wachsenden Bevölkerung und der Notwendigkeit, entsprechende Nahrungsressourcen zu sichern: »Solange die Produktion von Lebensmitteln noch auf den untersten Stufen stand und nur sehr einfache Ansprüche befriedigte, war die Tätigkeit von Mann und Frau wesentlich dieselbe. Mit der zunehmenden Arbeitsteilung tritt aber nicht bloß Trennung der Verrichtungen, sondern auch Trennung des Erwerbs ein. Fischfang, Jagd, Viehzucht, Ackerbau erfordern besondere Kenntnisse und in noch höherem Maße die Herstellung von Werkzeugen und Gerätschaften, die vorzugsweise Eigentum der Männer wurden. (Warum auch immer, d. Verf.) Der Mann, der bei dieser Entwicklung im Vordergrund stand, wurde der eigentliche Herr und Eigentümer dieser Reichtumsquellen.«[27]

Untermauert werden Bebels Thesen u. a. von Johann Jakob Bachofen (1815–1887). In seinem umstrittenen Werk *Das Mutterrecht* von 1861 entwarf er die These zur Entwicklung der Gesellschaft in drei Stufen. Die Urform der Gesellschaft unterlag keinen Gesetzen. Es gab keine Heirat, keine Zweisamkeit, und im Gegensatz zu den Männern wussten wahrscheinlich nur die Frauen immer, von wem ihre Kinder gezeugt wurden. Aus diesem Wissen leitet Bachofen die Macht der Frauen ab – das Mutterrecht als gesellschaftliche Norm des Zusammenlebens. Bis heute wird dies als Matriarchat bezeichnet. Die Mutter galt als Oberhaupt, da nur sie die Abstammung kannte und von ihr somit die Gruppe abhing. Bei dieser Form hatte die Fähigkeit des Gebärens

27 August Bebel, aaO., S. 60.

eindeutig mehr Gewicht als die Zeugung. Die Erhaltung der Sippe, des Stammes, der Gruppe bestimmte die Frau. Die Mutter als lebensspendende Göttin – der krasse Widerspruch zur kirchlichen Interpretation der Bibel, aus der eine Superiorität der Männer als gottgegeben abgeleitet wird.

Bachofen gilt als Gründer der Familienforschung, sein Mutterrechtsbuch ist bis heute im Gespräch und viel zitiert. Durch Historiker, Ethnologen und Juristen erfährt er weitgehend Ablehnung, Zustimmung hingegen bei Psychologen, Dichtern und Philosophen – von Freud bis Rilke und Thomas Mann bis zu Max Horkheimer. Die Frauenbewegung blieb gespalten: Während der Zwanzigerjahre waren sie Anhänger Bachofens, nach 1945 distanzierten sie sich von ihm. »In Wirklichkeit ist dieses goldene Zeitalter (des Matriarchats, die Verf.) nur ein Mythos«, schreibt Simone de Beauvoir 1949.[28] Mit Beginn der Siebzigerjahre erfuhr Bachofen dann eine Reprise und eine feministische Matriarchatsforschung kam in Gang. Seit 2003 werden internationale Kongresse zur Matriarchatspolitik veranstaltet, und schon länger gibt es Pilgerfahrten nach Kreta, um dort der »Großen Göttin« zu huldigen.[29]

Die Beschäftigung mit dem Mutterrecht hat auch zur Mythenbildung der Geschlechter und insbesondere über die Frauen beigetragen. Von Frauen beherrschte Gesellschaften gelten als friedlicher als die patriarchalen; Frauen wird eher zugetraut, gewaltlos leben und Gewaltlosigkeit in die Welt tragen zu können. Dass dieses Bild auf den Wunschträumen von Männern basiert, denen kraftvolle, kämpfende Frauen schon immer unheimlich waren, liegt wohl auf der Hand.

---

28 Simone de Beauvoir, aaO.

29 Die Zeit, 05.05.2011.

Frauen sollen daher – im Hintergrund – so viel wie möglich ordnen, damit der »Herr der Schöpfung«, der Mann, sein Leben genießen kann. Entlarvend deutlich war dies nachzulesen im Internetportal des Nachrichtenmagazins *Der Spiegel* im Jahr 2009.

Unter der provokanten Überschrift *Männer leben besser, wo Frauen das Sagen haben*[30] berichtet der argentinische Arzt und Journalist Ricardo Coler über seine Erlebnisse bei den matriarchalisch organisierten Mosuo in Südchina. Obwohl das Mosuo-Volk tatsächlich keine rein matriarchalische Struktur aufweist, sondern eher eine Mischform aus Matri- und Patriarchat, war Señor Coler der festen Auffassung, sich in einer Gesellschaft unter der Herrschaft von Frauen zu befinden. Und es hat ihm gefallen. Die Frauen sorgen für das Wohlbefinden, sexuelle Befriedigung inklusive, aber grundlegende Entscheidungen treffen die Männer. Auf die Frage: »Werden die Männer zur Unfähigkeit erzogen?«, antwortet der selbst ernannte Matriarchatsforscher: »Für die Mosuo-Frauen sind Frauen die effektiveren und verlässlicheren Menschen. (Das ist übrigens eine Erkenntnis vieler Frauen auf der Welt, d. Verf.) Dennoch sagen sie: Die ›ganz großen‹ Entscheidungen, also etwa eine Maschine oder ein Haus oder eine Kuh zu kaufen, die treffen die Männer ...« Warum das so ist, weiß Señor Coler natürlich auch: »Frauen dominieren in einer anderen Art und Weise. Wenn Frauen herrschen, ist es Teil ihrer Arbeit. Ihnen gefällt es, wenn einfach alles läuft und es der Familie gut geht.(!) Die Idee, Vermögen anzuhäufen oder viel Geld zu verdienen, kommt ihnen einfach nicht in den Sinn. Kapitalakkumulation scheint eine männliche Triebfeder zu haben. Nicht umsonst sagt der Volksmund,

30 www.spiegel.de, 27.5.2009.

der Unterschied zwischen einem Mann und einem Jungen ist der Preis seines Spielzeugs.«

Bei den Mosuo gibt es keine Ehe, keine feste Bindung; die Verantwortung für die Kinder liegt allein bei den Frauen. Der einzige Grund für eine Frau in diesem Lebensgefüge, sich mit einem Mann einzulassen, so schwärmt Coler, sei, dass sie sich verliebt hat. Wörtlich gibt er der Welt zu Protokoll: »Sie wollen verliebt sein (…) und wenn es vorbei ist, ist es vorbei. Sie bleiben nicht zusammen wegen der Kinder oder des Geldes oder sonst etwas.« Jede Menge Spaß, aber keine Verantwortung – klingt, als sei das Matriarchat ein Paradies für Männer. Und tatsächlich schwärmt Coler weiter: »Männer leben besser, wo die Frauen das Sagen haben: Du bist für fast nichts verantwortlich, du arbeitest viel weniger und du bist den ganzen Tag mit deinen Freunden zusammen. Jede Nacht bist du mit einer anderen Frau zusammen. Und obendrein kannst du für immer bei deiner Mutter leben. Die Frau bedient den Mann, und das in einer Gesellschaft, in der sie bestimmt und über das Geld verfügt. Im Patriarchat arbeiten wir Männer mehr im Job und waschen zumindest ab und zu die Teller ab. In der reinen Form des Matriarchats wie bei den Mosuo darfst du es nicht. Wo sich eine Frau ihrer dominanten Stellung sicher ist, haben solche archaischen Rollenmuster keine herrschaftsbezeugende Bedeutung mehr.«

Im Jahr 2009 wird einem Mann ein Forum gegeben, der am Beispiel der Mosuo in Süd-China alles im männlichen Sinne zusammenfasst, worum die politische Diskussion jahrhundertelang streitet, und sein Fazit ist: In einer perfekten Welt sind Frauen friedlich, befriedigen die Bedürfnisse der Männer – wenn diese sexueller Natur sind, dürfen sie auch gern dominant sein – und stellen keinerlei finanziellen oder ideologischen Ansprüche. Na dann: Prost!

Noch schlimmer ist: Männer mit solchen Wunschvorstellungen gibt es auch noch in der Politik. Es ist ja nicht so, als hätten sie sich mit der Situation der Frauen in der Gesellschaft der verschiedenen Zeiten nicht auseinandergesetzt, dabei durchaus Probleme der unterschiedlichen Lebensbedingungen erkannt und sie thematisiert. Bei der Umsetzung hat es dann aber scheinbar doch immer wieder gravierende Probleme gegeben.

Verglichen mit Herrn Coler gab es in der Vergangenheit dann doch tatsächlich neben den schon erwähnten Männern einige, die durchaus sehr klar formulieren konnten, in welcher Situation sich die Frauen seit langer Zeit befanden. Das 19. Jahrhundert mit den vielen Umbrüchen in Gesellschaft und Staat brachte die grundlegenden Debatten um die Geschlechter hervor. August Bebel und Bachofen waren zwei, die sich hiermit auseinandersetzten. Vieles, was damals diskutiert und später auch zum Teil politisch umgesetzt wurde, ist nach wie vor die Grundlage der heutigen Situation der Frauen in unserer Gesellschaft. Interessanterweise übernehmen jedoch im Gegensatz zu früheren Zeiten heute im politischen Rahmen häufig Frauen die Verhinderungsrolle für die Verbesserung der Lebensbedingungen der Frauen. Die stolze Parole einiger Frauen, u. a. der aktuellen Frauen- und Familienministerin, Kristina Schröder, frau sei befreit und emanzipiert, trügt. Mal ehrlich: Wer das schon betonen muss, beweist im Grunde das Gegenteil. Emanzipierte Menschen leben ein emanzipiertes Leben, häufig vielen Widerständen zum Trotz. Darüber zu reden und sich damit zu rühmen, haben sie nicht nötig.

Die Diskussion um die Rolle der Frau war auch immer eng verbunden mit den jeweiligen ökonomischen Verhältnissen in Deutschland. So verwundert es nicht, dass sich die Väter der sozialistischen Utopien auch der Frauenfrage angenommen haben. Vor allem ein Text von Friedrich Engels aus den Achtzigerjahren des 19. Jahrhunderts macht die Zusammenhänge deutlich. Ein Text, der sich in den Zeiten der Industrialisierung und des Rufes nach der proletarischen Revolution von anderen Schriften der Arbeiterbewegung abhebt. In *Der Ursprung der Familie, des Privateigentums und des Staates*[31] fordert Engels, dass dem weiblichen Teil für die Reproduktion die gleiche Bedeutung zugestanden werden müsse wie der Arbeit der Männer, die in den Fabriken das Geld für die Familie verdienten. Die Rolle der Frau wollte er damit aufgewertet wissen. Eine These, die damals in der Arbeiterbewegung nicht jedem Mann über die Lippen kam. Auch Engels kommt in seiner Analyse zu dem Schluss, dass mit Entstehen des Privateigentums und der damit aufkommenden Erbfrage die weibliche Macht gebrochen wurde und auch ihr Recht auf eigene Entscheidungsgewalt über ihr Leben gestoppt wurde. »Der Umsturz des Mutterrechts war die weltgeschichtliche Niederlage des weiblichen Geschlechts. Der Mann ergriff das Steuer auch im Hause, die Frau wurde entwürdigt, geknechtet, Sklavin seiner Lust und bloßes Werkzeug der Kinderzeugung.« Friedrich Engels und ebenso Karl Marx hingen der Utopie nach, dass eine Revolution, die die Abschaffung des Privateigentums erreicht, auch der Frau wie selbstverständlich einen gleichgestellten Platz in der dann sozialistischen Gesellschaft einräumen würde. Der Kapitalismus müsse überwunden werden, da dieser beide Geschlechter ausbeu-

31 Zitiert in: Der Freitag,03.05.2009, Nr. 18.

te. Dass diese Idee im später real existierenden Sozialismus der DDR in der Praxis nicht funktionierte, ist nun Friedrich Engels und Karl Marx nur bedingt vorzuwerfen. Letztlich war auch Friedrich Engels schließlich nur ein Mann und kein Zauberer. Obendrein ist er wohl davon ausgegangen, mit seiner schriftlichen Analyse, wann denn Frau und Mann gleichgestellt seien, das Nötige für die Frauen getan zu haben. Die politischen Forderungen der Frauen der Zeit, zum Beispiel nach dem Wahlrecht für Frauen, soll er als unwichtige kleinbürgerliche Forderungen abgetan haben. Engels hielt es wie viele Männer, die sich fortschrittlich geben: Er lehnte die als bürgerlich, spießig oder vom Zeitgeist überholte Eheschließung ab, um sich dann die Freiheit zu nehmen, diverse Beziehungen einzugehen, Prostituierte aufzusuchen usw., ohne für die Konsequenzen einzustehen. Die Stellung der Frau in der Familie auch nur zu verbessern oder der ledigen Mutter Anerkennung in der Gesellschaft zu verschaffen, war nicht Engels Angelegenheit, dafür mussten andere Menschen und vor allem Frauen sorgen.

Der Kampf der Frauen

Unter »Frauenbewegung« wird die historische und bis heute andauernde Auseinandersetzung für die geschlechtliche Gleichstellung von Mann und Frau verstanden. Der Beginn der deutschen Frauenbewegung wird historisch mit dem Aufbruch von demokratischen Bewegungen um 1848, also der deutschen Revolution oder auch Märzrevolution, verknüpft. Hier setzt sozusagen die Geschichtsschreibung der Frauen ein. Mächtige Frauen aus der geschichtlichen Urzeit – also vor dem historischen Datum 1848 – wurden gern als »große Frauen der Weltgeschichte« abgehandelt. Sozusagen ein paar Ausrutscher in der sonst von Männern geprägten glorreichen Vergangenheit. Bis heute hat sich daran nicht viel geändert; erfolgreiche Frauen werden immer noch oft als Einzelexemplare mit besonderen Fähigkeiten herausgestellt. Überraschend ist diese Betonung des Sonderstatus nicht. Schließlich ist es so leicht zu begründen, warum man nicht alle Frauen so walten lässt, wie sie es können und wollen. Im Grunde liegt genau hier der Knackpunkt, denn das zuzulassen wäre genau der Schritt, der die gut eingespielte Männerwelt ins Wanken bringen könnte. Da ist es nur praktisch, dass auch die Geschichtsschreibung in der Regel auf weibliche Einzelexemplare verweist, lässt sich doch auf diese Weise der etablierte Männerblick auf Frauen historisch fundiert wiederbeleben.

»Die Speisen kommen kalt oder angebrannt auf den Tisch; es werden Schulden auf Schulden gehäuft; der arme Mann muss mit durchlöcherten Strümpfen einherwandeln; wenn er nach häuslichen Freuden seufzt, unterhält ihn die gelehrte Frau mit Journals-Nachrichten, oder rennt ihm mit einem Musen-Almanach entgegen ...«[32] Diese für Männer schreckliche Beschreibung eines Ehelebens galt im Anstandsbuch des 18. Jahrhunderts den »gelehrten Frauen«. Noch heute gibt es sicher Männer, die dies für sich als Schreckensszenario einer Ehe ansehen. Die Frauenbewegung und damit der Kampf der Frauen für die Gleichbehandlung war immer geprägt von der sozialen Lage des gelebten Alltages und politischen Entwicklungen, heute neudeutsch als Mainstream bezeichnet. Auch einzelne Lebensschicksale führten Frauen in den Kampf. Allerdings ist es bis heute nicht gelungen, wirklich gemeinsam für die Interessen aller Frauen einzustehen. Es gab und gibt weiterhin Unterschiede darin, für welche Frau welche Rechte gelten.

»Von den beiden großen soziologischen Kernfragen der Frauenbewegung – die Einordnung der Frau in das Erwerbsleben und die Gestaltung ihres Familienberufs auf der Grundlage der neuen Bedingungen – stellen wir die zweite in den Vordergrund, um damit zugleich zum Ausdruck zu bringen, dass die Mutterschaftsbestimmung der Frau der Grundmaßstab ist, nach dem ihre Verwendbarkeit auf dem Arbeitsmarkt beurteilt und, soweit möglich, reguliert werden sollte. Dabei handelt es sich wieder um zwei Teilfragen; erstens: um den tatsächlichen Inhalt des neuen, dualistisch gespaltenen Frauenlebens und die Auseinandersetzung seiner beiden Bestandteile, Familienberuf und Erwerbsberuf, miteinander, und zweitens: um die Frage der Stellung der Frau innerhalb der Familie.« So oder so ähnlich könnten heute die ersten erklärenden Sätze einer deutschen Politikerin lauten, um die Notwendigkeit der Diskussion um die

32 Adolph von Knigge: Über den Umgang mit Menschen, 1788, S. 196.

Stellung der Frau in der Gesellschaft und ihre Rolle in der Familie einzuleiten. Im Übrigen völlig parteiunabhängig. Tatsächlich sind die Sätze jedoch schon sehr alt. Sie stammen von Helene Lange (1848–1930) in ihren Ausführungen mit dem Titel *Die Stellung der Frauenbewegung zu Ehe und Familie.*[33]

Heißt im Klartext: Es hat sich kaum etwas verändert! Welche Rolle hat die Frau in der Familie? Sind Beruf und Familie miteinander vereinbar? Die Probleme, die wir heute im politischen Diskurs über Frauen wälzen, sind dieselben wie einst. Lediglich die betroffenen Frauen sind andere.

Und die Wortführerinnen – eine bewusst gewählte Bezeichnung, denn im 21. Jahrhundert gibt es in Deutschland keine Frauenbewegung mehr, deren Akteurinnen als Kämpferinnen gelten könnten. Die sind genauso abhandengekommen wie die Meinungsvielfalt unter den politisch tonangebenden Frauen.

Die beiden historischen Frauenbewegungen im 19. und 20. Jahrhundert hatten Gemeinsames und Trennendes. »Dennoch lässt sich aus den beiden Formen der Frauenbewegung in Deutschland beispielhaft das Gemeinsame und zugleich das Gegensätzliche der Forderung nach *Gleichberechtigung* und des Kampfes um *Emanzipation* ableiten. So kann die bürgerliche Frauenbewegung (…) als Gleichberechtigungsbewegung, die proletarische Frauenbewegung als Emanzipationsbewegung (die im Verein mit der Arbeiterbewegung den Widerspruch zwischen Lohnarbeit und Kapitalherrschaft lösen wollte) umschrieben werden.

Gleichberechtigung erfordert die Brechung der Herrschaft des männlichen über das weibliche Geschlecht. So

33 Zitiert in: Jutta Menschik, aaO., 1977, S. 68.

verlangt eine in beruflicher, vermögensrechtlicher, familienrechtlicher und politischer Hinsicht bisher unterprivilegierte Gruppe – die Frauen – ihre Anhebung auf das Niveau der anderen Gruppe – die Männer. Gleichberechtigung setzt aber nicht die Fabrikarbeiterin gleich mit der Studienrätin.«[34] Gleichberechtigung hebt also keine klassengesellschaftlichen Kategorien auf. Mehr noch: »Die Verdienstbarkeit in der Gesellschaft löst für die Proletarierin die wirtschaftliche Abhängigkeit vom Manne und macht sie als Selbsterwerbende diesem gleich. Doch ihre Geschlechtssklaverei als Weib kettet sie rechtlich, gesetzlich weiter an ihn. Sie muss außerdem ihre wirtschaftliche Selbstständigkeit mit teurem Preis bezahlen, mit den erbarmungslosen Auswirkungen der proletarischen Klassensklaverei. (…) Die rühmliche Vergangenheit wirft helles Licht darauf, wie tief die sozialdemokratische Frauenbewegung gefallen ist. Sie ist zu einer Nichts-als-Reformbewegung entartet, die die bürgerliche Ordnung nicht stürzen, sondern stützen will. (…) Sogar was Reformen und die Demokratie anbelangt, so narrt sie die werktätigen Frauen mit der Illusion, dass diese ›Errungenschaften‹ Früchte des Zusammenwirkens der Klassen, des Burgfriedens zwischen ihnen sind.«[35] Klare Worte, die Clara Zetkin da der SPD ins Stammbuch geschrieben hat. Welche Worte würde sie wohl heute finden, wenn sie Stellung nehmen könnte zu Debatten um Quoten in Vorstandsetagen? Oder über die zunehmende Zahl der Frauen, die gezwungenermaßen halbtags arbeiten. Oder ganz ohne Arbeit dastehen, da sie für die Kinder keine Unterbringungsmöglichkeit finden. Oder darüber, dass Frauen für dieselbe Arbeit immer noch nicht den gleichen Lohn erhalten.

34 Ebd., S.13f.
35 Ebd., S. 58.

Wie Bewegung in die Bewegung kam

Die Neue Frauenbewegung begann mit drei Tomaten, so titelte die *Welt Online* im Jahr 2008,[36] um dann auf ein vierzig-jähriges Bestehen dieser »neuen Frauenbewegung« hinzuweisen. Ob die Delegiertenkonferenz des damaligen Sozialistischen Deutschen Studentenbundes im Jahr 1968 als Beginn der folgenden frauenbewegten Jahre zählen kann, wäre sicher diskussionswürdig, vor allem bei Feministinnen. Aber festzuhalten ist: Es flogen Tomaten gegen Männer, die wohl eher lustlos den Ausführungen ihrer Genossin Heike Sander zum Thema *Gleichberechtigung der Geschlechter* folgten. Auf jeden Fall erregten die Tomaten Aufsehen und das Thema wurde wahrgenommen. Die 68er-Revolution hatte die Frauen erreicht und sie hielten sich nicht mit langen Reden auf. Die Zeit war gekommen, den Männern ihre Herrschaft abspenstig zu machen.

Das wohl spektakulärste Flugblatt dieser Zeit, das den Männern den Kampf ansagte, galt auch den linken, den sozialistischen Männern. Die seinerzeit gegründeten Weiberräte hatten keine Lust auf vorsichtige, verständnisvolle Äußerungen. Die Parole der Zeit hieß: »Befreit die sozialistischen Eminenzen von ihren bürgerlichen Schwänzen.« Als so genanntes »Schwanz-Flugblatt« ging dieses Werk in die Geschichte der neuen Frauenbewegung ein. Damit war ein Unterschied zu großen Teilen der frühen Frauenbewegung des 20. Jahrhunderts schon deutlich geworden: Die Frauen der 68er-Bewegung wollten nicht nur reden, sondern agieren

36 www.welt.de, 10.09.2008.

und vor allem provozieren. Laut und kompromisslos sollte der Protest formuliert werden.

Nach dem Zweiten Weltkrieg sah die Welt für die Frauen traurig aus. Die Schreckensherrschaft der Nationalsozialisten hatte auch die Frauenbewegung zerstört. Die sozialistischen und jüdischen Führerinnen waren verfolgt, vertrieben oder ermordet worden. Die bürgerlichen Vertreterinnen der Frauenbewegung hatten sich den Herrschern der Zeit angepasst oder untergeordnet und jedes Engagement eingestellt.

Die Fünfzigerjahre des 20. Jahrhunderts waren geprägt vom Wiederaufbau und dem so genannten Wirtschaftswunder. Die Frauen, die in der Kriegs- und Nachkriegszeit durch Mangel an männlichen Arbeitskräften selbstständiger in ihren Arbeitsleistungen geworden waren, mussten feststellen, dass sie zwar von der Industrie eine Zeit lang umworben, aber mit deutlich geringerem Lohn in der Tüte als die Männer nach Hause geschickt wurden. Sie sorgten zwar im großen Maße dafür, dass das Leben nach dem Überleben gelang, aber die Anerkennung dieser Leistung blieb ihnen verwehrt.

An dieser Entwicklung änderte auch nichts, dass durch das neue Grundgesetz der Bundesrepublik Deutschland der Frau verfassungsrechtlich die völlige Gleichheit garantiert wurde. Immerhin sind folgende Sätze seit 1949 nachlesbar: »Männer und Frauen sind gleichberechtigt« (Abs. 2) und »Niemand darf wegen seines Geschlechtes (…) benachteiligt oder bevorzugt werden« (Abs. 3). Klare Worte in der bundesrepublikanischen Verfassung. Der aus dem Grundgesetz abzuleitende Anspruch und die Wirklichkeit klafften jedoch von Beginn an weit auseinander, denn das gesellschaftliche Leitbild bleibt für die Frau das Dasein als Hausfrau und

Mutter. Dies spüren heute vor allem berufstätige Frauen, die neben der Doppelbelastung, Beruf und Familie zu regeln, mit rechtlicher und sozialer Ausgrenzung zu kämpfen haben. Gerichtsurteile, die hier Abhilfe schaffen sollten, hatten, wenn überhaupt, nur eine Alibi-Funktion. So entschied 1955 das Bundesarbeitsgericht, dass es keine »Frauenlohngruppen« mehr geben dürfe, und ja, dies führte zu einer Änderung. Allerdings nur im Wortlaut. Von nun an arbeiteten die Frauen in so genannten *Leichtlohngruppen*; an der Ungerechtigkeit bei der Entlohnung änderte sich dadurch aber nichts.

Das Idealbild der Frau scheint sich einfach nicht zu verändern. Im Jahr 1959 erklärt der damalige Familienminister der Bundesregierung, Franz-Josef Wuermeling: »Mutterberuf ist Hauptberuf (...) und hat höheren Stellenwert als jeder Erwerbsberuf.« Dementsprechend sieht das 1957 verabschiedete Gleichberechtigungsgesetz aus: »Zwar wird die Entscheidungsbefugnis des Ehemannes in allen das gemeinschaftliche Leben betreffenden Angelegenheiten aufgehoben. Das Recht der Frau auf Erwerbstätigkeit ist jedoch davon abhängig, ob ›dies mit ihren Pflichten in Ehe und Familie vereinbar‹ ist.«[37]

In Frauenverbänden, oder auch in den Parteien, versuchten Frauen durchaus, mehr Beteiligung von Frauen in der Wirtschaft und in der Politik zu erreichen. Es wurden in verschiedenen Institutionen wie Gewerkschaften, Kirchen und eben in den Parteien Frauengruppen gegründet, aber ein Netzwerk, wie es vor dem Naziterror existierte, wurde nicht erreicht. Also war alles aus Sicht vieler Frauen nur von mäßigem Erfolg gekrönt. Das Gleichberechtigungsgesetz von

37 Stiftung Haus der Geschichte der Bundesrepublik Deutschland, www.hdg.de.

1957, das seinen Namen nicht rechtfertigt, kann als ein klassisches Beispiel der Ohnmacht der Frauen in dieser Zeit gelten. Auch aus dieser Erkenntnis entwickelte sich im Zuge der Studentenbewegung der 60er-Jahre die neue und sich selbst so bezeichnende *autonome Frauenbewegung*, klar feministisch ausgerichtet, entstanden in Berlin 1968. Erste Gruppierungen waren der *Aktionsrat zur Befreiung der Frauen* oder in Frankfurt/Main der *Weiberrat*. In der Folge sprossen in fast allen größeren Städten der Bundesrepublik Deutschland Frauenzentren und Frauenforen. Nach dem Motto *Wir sind viele, wir sind eine Kraft* wurde versucht, Frauen aus ihrer individuellen Isolation in Familie und/oder Beruf herauszuholen und sie in der Entwicklung eines frauenspezifischen Selbstbewusstseins zu bestärken.

Die Frauengeneration, die nach 1945 geboren wurde, nahm sehr deutlich zur Kenntnis, dass sich formal vielleicht einiges geändert hatte, sie aber in der realen Wirklichkeit immer noch gegen das eingefahrene Rollenverständnis, die richtige Frau sei Ehefrau, Hausfrau und Mutter, ankämpfen mussten. Den Mädchen standen zwar die höheren Schulen offen, aber diese Generation hat von der eigenen Mutter und von der sozialen Umgebung viel zu oft gehört, der Besuch eines Gymnasiums sei nicht nötig, frau heirate ja bald.

In den letzten zwanzig Jahren des 20. Jahrhunderts entwickelte sich dann die frauenspezifische Strategie, das Frauenleben in verschiedene Etappen zu unterteilen. Ehefrauen arbeiteten – unter Berücksichtigung der Gesetzgebung –, sofern sich ihr Beruf mit ihren Pflichten in der Familie vereinbaren ließ, beendeten aber zumeist ihre Berufstätigkeit, sobald das erste Kind auf der Welt war. Das soziale Unbehagen der Gesellschaft ob der daraus resultierenden wirtschaftlichen Unabhängigkeit vom Mann wurde durch eine Propaganda-Initiative gemildert, in deren Rahmen Frauen, und zwar ausschließlich Frauen, vermehrt in Teilzeitjobs untergebracht wurden. Ein bisschen arbeiten, neben dem Haus- und Ehefrauenjob, dann die Kinder hüten und danach wieder einsteigen in eine Arbeit. Selbstbestimmtes Frauenleben sieht anders aus.

Das fanden auch die Frauen aus dieser Generation und wurden aktiv. Sie beriefen sich auf die »alte« Frauenbewegung und deren Vertreterinnen, die sich mit diesen Fragen inhaltlich massiv auseinandergesetzt hatten. Die französische Philosophin Simone de Beauvoir hatte bereits 1949 in ihrem Buch *Das andere Geschlecht* die gesellschaftlichen Mechanismen dargestellt, die die Frauen, trotz vermeintlich größerer Freiheit, in der Abhängigkeit der Männer halten. Aus dieser schriftlichen Analyse machten die Frauen um 1968 eine Bewegung.

Die Themen und Forderungen fanden bei vielen Frauen eine große Resonanz: Gleicher Lohn für gleiche Arbeit, Freigabe der Anti-Baby-Pille, Abschaffung des § 218 StGB – alles das berührte das Leben der Frauen direkt. Wie die geworfenen Tomaten bei dem Delegiertenkongress des Sozialistischen Deutschen Studentenbundes zeigen, waren die angeblich linken, fortschrittlichen Männer, die angetreten waren, um den Muff von 1.000 Jahren unter den Talaren aus den Universitäten zu vertreiben, nicht bereit, den Muff, der die Frauensituation seit ebenso langer Zeit umgab, mit gleicher Verve zu bekämpfen. So hatten die Frauen also das Problem, innerhalb der durchaus machogeprägten Protestbewegung der 68er gegen männliche Machtstrukturen ihre Forderungen durchzusetzen.

Aus der täglichen Praxis dieser revolutionären Zeiten sind viele Berichte bekannt. Jene, die gegen Ungleichheit und Krieg und für antiautoritäre Erziehung etc. standen, waren bei der Geschlechterfrage eher auf der konservativen Seite. Die Anti-Baby-Pille, freie Liebe – natürlich, diese Thematiken waren jedem Kämpfer noch vermittelbar, konnte beides doch der Freibrief für Unabhängigkeit der männlichen Lust werden. Aber wirkliche Gleichstellung der Frauen mit den Männern, da wurde es schon schwieriger mit der fortschrittlich denkenden Männlichkeit.

Die Rückschau zeigt, dass auch in dieser Bewegung die männlichen Aktivisten demonstrierten, diskutierten und natürlich die Wortführer stellten. Die Frauen waren vornehmlich zuständig für das leibliche Wohl – was auch immer darunter verstanden wurde – und für die Zuarbeit der Helden, genauer: die bedeutenden Worte der Männer abtippen, kopieren und natürlich verteilen. Auch die Medien der damaligen Zeit dokumentieren die randständige Bedeutung der Frauen bei der Vertretung ihrer eigenen Sache und somit den männlichen Zeitgeist: »Sie wurden als kämpferische Amazonen beschrieben, als ›windelmüde Jungmütter‹ *(Der Spiegel)*, als ›Damen in Pantherfellen‹ *(Die Welt)* oder, wie Uschi Obermeier, als schönes Beiwerk der Kommune-Bewegung.«[38]

Bei dieser Ignoranz und Männerherrlichkeit waren geworfene Tomaten irgendwann unausweichlich.

Während sich die meisten Männer auf den Weg in die Institutionen machten, um die Bundesrepublik Deutschland zu verändern, gingen die Frauen in den 70er-Jahren auf die Straße: »Mein Bauch gehört mir.« Die Parole gegen das Ab-

38 www.bpb.de/deutsche-geschichte-nach-1945/.

treibungsverbot wurde laut in die Öffentlichkeit getragen. War die Forderung auch nicht neu – denn auch diese war bereits Inhalt der »alten« Frauenbewegung vom Anfang des 20. Jahrhunderts –, vereinte sie nun eine ganze Frauengeneration. Endlich über das eigene Leben bestimmen können. Nicht hinnehmen müssen, selbst das bei einer Vergewaltigung gezeugte Kind austragen zu müssen. Es war mehr als die bloße Forderung nach einem Recht auf Abtreibung, es war die Forderung, nicht mehr nur als Mutter einen anerkannten Status als Frau zu erhalten.

Auf diese Protestwelle sprang eine Frau, die seitdem als *die* deutsche Feministin geduldet wird. Alice Schwarzers Verdienst ist in dieser Frage unumstößlich. Sie war es, die Unterschriftenaktionen organisierte, die dafür sorgte, dass sich Frauen solidarisierten und prominente Frauen bekannten: *Wir haben abgetrieben!* 1971 erschienen im *Stern*[39] die Selbstbezichtigungen dieser Frauen. Ein gesellschaftliches Tabu war gebrochen. Fast alle Frauen dieser Generation kannten die hinter vorgehaltener Hand erzählten Geschichten von Mutter, Großmutter oder Urgroßmutter, die zum »Engelmacher« oder zur »Engelmacherin« – illegal abtreibende Personen – gegangen waren oder selbst versucht hatten, mit Hilfe von Pülverchen und Wässerchen oder Stricknadeln oder Treppenfall die ungewünschte Schwangerschaft zu beenden. Häufig blieb dieses Experimentieren nicht ohne gesundheitliche Folgen für die Frauen – oder auch die Kinder, wenn die Abtreibung misslang. Auch in meiner Familie hielt sich immer das Gerücht, der geistig behinderte Sohn meiner Tante, die den Zweiten Weltkrieg nicht überlebt hatte, sei deswegen

39 Stern, 06.06.1971.

behindert, weil die Tante versucht hatte, das unehelich gezeugte Kind abzutreiben.
In den gegründeten Selbsthilfegruppen war es für die betroffenen Frauen erleichternd und hilfreich, über all das sprechen zu können. Endlich entbrannte eine öffentliche Debatte, denn die ganze Problematik war zuvor nie an die Männer herangetragen worden. Die Konflikte einer ungewollten Schwangerschaft hatten immer allein die Frauen ausgetragen. Die Männer machten sich in der Regel davon.

Wenn die neue Frauenbewegung auf einen Erfolg zurückblicken kann, dann ist es die Enttabuisierung dieses großen Themas der Frauen und die einhergehende Reform des Abtreibungsparagrafen 218 StGB. Seit 1976 ist das Gesetz so verändert, dass der Schwangerschaftsabbruch prinzipiell immer noch strafbar ist – natürlich nur für die Frau; der Erzeuger und häufig genug derjenige, der die Frau zum Abbruch der Schwangerschaft drängt, findet keine Erwähnung. Allerdings wird die Strafbarkeit ausgesetzt, wenn es medizinische, ethische, soziale oder eugenische Indikationen gibt. Die für eine ersatzlose Streichung des Paragrafen 218 kämpfenden Frauen sahen diese Gesetzesregelung als Niederlage an.

Aber immerhin: Es bewegte sich etwas und für eine gewisse Zeitspanne war sogar im politischen und gesellschaftlichen Raum Platz für Frauenpolitik. Die Frauenhäuser, in die misshandelte Frauen flüchten können, entstanden und wurden gefördert. In den Landesregierungen gab es Frauenministerinnen, Frauenbeauftragte wurden etabliert und die Frauen schafften sich ihre eigene Öffentlichkeit in den Medien. Es gab Hoffnung!

Es war einmal ein Zentralorgan

Gibt man das Wort »Emma« in das Suchfeld bei Google ein, schlägt der Suggest-Service gleich die neuesten Informationen über eine schöne, junge Frau vor: Emma Watson. Berühmt als kluge, kleine Hexe Hermine in den Harry-Potter-Filmen. Ob die verantwortlichen Frauen des ehemaligen selbst ernannten Zentralorgans der Frauenbewegung in Deutschland, der *Emma*, das auch als beglückend empfinden, darf wohl bezweifelt werden.

Bis heute verstehen sie sich gemeinsam mit ihrer Chefin – Alice Schwarzer – als *die* Kampfschrift für die Frauen. Von Beginn an war dieser selbstdefinierte Alleinvertretungsanspruch für die Frauen in der Kritik. Das galt für die Zeitschrift ebenso wie für ihre Herausgeberin.

In den bewegten 70er-Jahren erblickt die *Emma* das Licht der Welt und von Anfang an wird verkündet, die Zeitschrift sei das explizite Leitblatt der Frauen im deutschsprachigen Raum. Die Zeiten erforderten eine Zeitschrift, die sich von den üblichen Illustrierten für Frauen absetzte. Eine Zeitschrift, die nicht präsentierte, welche Modetrends und welches Make-up Frauen am besten in Szene setzen, oder der anscheinend ewig elementaren Frauenfrage nachging: Welcher Mann ist der Richtige und wie macht Frau ihn glücklich?

Emma war von Anfang an anders. Schon die Tücken, die man überwinden musste, um ein Exemplar käuflich zu erwerben, waren Symptome ihrer Besonderheit. *Emma* wurde nirgends sichtbar ausgelegt; wer die Zeitschrift haben wollte, musste den Kioskverkäufer explizit danach fragen. Dann wurde die Zeitschrift aus der untersten Ecke des Kiosktresens hervorgeholt und – meistens mit einer schmähenden Bemerkung des männlichen Kioskbesitzers – verkauft.

Auch das öffentliche Lesen der *Emma*, z. B. in der Hamburger S-Bahn, hatte nicht selten Missbilligung oder kurzzeitige »Ächtung« zur Folge; wer *Emma* las, saß meist allein im Viererabteil. Der, wie er heute rückblickend wahrgenommen wird, fortschrittliche Zeitgeist der 70er-Jahre wurde *Emma*-Freundinnen in der Regel nicht zuteil.

Dieses Verhalten der Umwelt, ob nun Kioskbesitzer oder mitfahrende S-Bahn-Begleitung, hat sicher zum Mythos der *Emma* beigetragen. Jede Frau, die diese Erfahrungen machte, fühlte sich dazugehörig, fühlte sich als Teil der Frauenbewegung und akzeptierte erst einmal die zentrale Funktion und Stellung der *Emma* für die Frauen und ihre Rechte, insbesondere wegen ihrer thematischen Vielfalt: Die *Emma* nahm sich gern Themen an, die bis dato eher ein unkritisches Dasein fristeten, so zum Beispiel dem sexuellen Missbrauch oder der Auseinandersetzung mit der öffentlichen Deklarierung der Frauen als Lustobjekte für die Männer. Geradezu legendär ist die Klage gegen den *Stern* im Jahr 1978 wegen der Darstellung von Frauen auf den Titelbildern. Zahlreiche Aktionen gegen Pornografie im Allgemeinen gehen ebenfalls auf *Emmas* Konto.

Ja, *Emma* war das Sprachrohr der Bewegung – und von Alice Schwarzer, die deswegen noch heute als entscheidende Feministin der neueren Zeit angesehen wird. Durch sie wuchs die Zeitschrift zu einer akzeptierten Instanz, einem anerkannten Vertreter weiblicher Interessen. Allerdings nutzten die Frauen schon lange vor *Emma* die Möglichkeit, über gedruckte Erzeugnisse ihre Forderungen öffentlich zu machen. Im Jahr 1832 erblickt eine feministische Zeitschrift in Frankreich das Licht der Welt. Unter dem Titel *La fem-*

me libre (Die freie Frau) wird schon in der ersten Ausgabe vehement das Menschsein der Frauen eingefordert: »In einer Zeit, da alle Völker sich im Namen der Freiheit auflehnen und der Proletarier seine Befreiung fordert, sollen wir Frauen da etwa passiv bleiben angesichts der großen sozialen Emanzipationsbewegung, die vor unseren Augen abläuft? Ist unser Schicksal so glücklich, dass wir nichts zu fordern hätten? Bis jetzt wurde die Frau ausgebeutet und tyrannisiert. Diese Tyrannei, die Ausbeutung muss aufhören. Wir werden frei geboren wie der Mann, und die eine Hälfte des Menschengeschlechts darf nicht ungerechterweise der anderen unterworfen sein.«[40]

Selbstverständlich wurde die Gründung einer Zeitschrift mit derartigen Forderungen von der etablierten Presse nicht stillschweigend hingenommen. Man(n) versuchte, die Herausgeberinnen zu diskreditieren: »Empören sich doch wahrhaftig etwa ein Dutzend junger Näherinnen gegen die Versklavung ihres Geschlechts. Sie verstehen sich als ‚freie Frauen' und veröffentlichen unter eben diesem Titel eine Zeitschrift. Indem sie sich abwechselnd der Feder und der Nadel bedienen, greifen sie Woche um Woche die Gesellschaft an, stopfen zerrissenes Zeug und rufen die Frauen zum Widerstand auf.«[41]

Auch die *Emma* stand sofort in der Kritik verschiedenster Medien: Das ZDF dokumentierte in der *Drehscheibe Deutschland* detailliert sämtliche Kommafehler der Zeitschrift, der Spiegel addierte die »Konterfeis von Alice« und die *Süddeutsche Zeitung* witzelte über *Emma*'s scheinbar krankhaftes Feindbild: »eine Art King Kong mit einem Pe-

40 Zitiert in: Helga Grubitzsch, Loretta Lagpacan: Freiheit für die Frauen – Freiheit für das Volk, 1980, S. 62.

41 Figaro vom 04.11.1832, zitiert in: Ute Gerhard: Unerhört – Die Geschichte der deutschen Frauenbewegung, 1991, S. 28.

nis wie das Empire State Building«.[42] Inzwischen regt sich jedoch kaum noch jemand auf über *Emma*. Woran das wohl liegen mag?

Nur wenige – natürlich Frauen – halten die Erinnerung wach, dass es vor dem Erscheinen der Erstausgabe von *Emma* im Jahr 1977 auch in Deutschland bereits eine andere Frauenzeitschrift mit überregionalem, feministischem und vor allem autonomem Ansatz gab: die *Courage*. 1976 erschien die so genannte Nullnummer dieser Zeitschrift. Die *Courage* thematisierte ebenso den sexuellen Missbrauch von Frauen und Kindern und brach mit Tabus wie den zuvor völlig ignorierten Vergewaltigungen im Kontext des Zweiten Weltkrieges.

Im Gegensatz zu *Emma* inszenierte sich die *Courage* jedoch nicht als Sprachrohr, vielmehr wollten die Redakteurinnen eine journalistische Plattform für Netzwerke der autonomen Frauenbewegung bieten. Außerdem bezog die *Courage* bei vielen Themen politisch wesentlich radikaler Position als die *Emma*; sie war ganz offensichtlich linksfeministisch orientiert. Eine der Mitbegründerinnen, Christel Dormagen, veröffentlichte später die Beweggründe: »Damit die aufrührerischen Gedanken zirkulieren und wir weitere Anhängerinnen gewinnen konnten, bedurfte es einer größeren Öffentlichkeit als die überall entstehenden Frauen-Gruppen und -Zirkel. Bücher und Zeitungen wurden gebraucht«.[43] Diese Frauen wollten keine die gesamte Frauenszene nach außen vertretende Zeitung schreiben, sondern schlicht Frauen jeden Alters und jeder Bildung erreichen, um sie für die Sache der Frauenbewegung zu mobilisieren.

42 Emma lebt!, www.emma.de.

43 Christel Dormagen: Geld, Macht und Liebe, 1992.

Alice Schwarzer und ihre *Emma* hingegen legten immer Wert darauf, als politisch unabhängig zu gelten – eine langlebigere Basis, denn während die *Courage* 1984 eingestellt wurde, gibt es die *Emma* noch heute. Ein Triumph? Oder schlicht ein Zeichen dafür, dass *Emma* den Institutionen nicht mehr wehtut – sofern sie das überhaupt je wirklich getan hat. Wozu einen Gegner bekämpfen, den niemand ernst nimmt, den niemand fürchtet?

Die Zeitschrift *Emma* ist mittlerweile 35 Jahre alt. Ein Zeitraum, in dem eigentlich eine Weiterentwicklung erkennbar sein sollte. *Emma* beklagt heute, dass mehr Pornografie greifbar ist als vor 30 Jahren. Die Entwicklung der Medien sei schuld. Auch dass junge Frauen kundtun, sie könnten sich eine Karriere in der Pornoindustrie vorstellen, wird von *Emma* argwöhnisch beleuchtet. Was fehlt, ist eine kritische Selbstreflexion. Selbstgefällig wird vieles beklagt, und doch nie hinterfragt, was die *Emma* und ihre Redakteure zur Verhinderung dieser Entwicklung getan haben. Der *Emma* wird durchaus attestiert, sie hätte sich im Laufe der Jahre auch stets mit den Kontroversen der modernen Frauenbewegung befasst. Wer sich allerdings genauer einliest, stellt – neben durchaus diskussionswürdigen Artikeln – fest, dass es mit der Selbstkritik nicht so weit her ist.

Nur ein Eindruck? Keineswegs! Die Informationsgemeinschaft zur Feststellung der Verbreitung von Werbeträgern e.V. (IVW) verzeichnete im Jahr 2002 ca. 53.000 verkaufte *Emma*-Hefte, die durch Weitergabe geschätzt ca. 120.000 LeserInnen erreichten. 53.000 verkaufte Exemplare, nicht wie in den 70ern 200.000, und das bei über 42 Millionen Frauen in Deutschland. Diese Zahlen sprechen wohl für sich: Den Status als Sprachrohr hat *Emma* zweifellos verloren. Der »neue« Feminismus wird sich wohl ein anderes suchen müssen.

Die Alice-Schwarzer-Falle

Alice Schwarzer – Journalistin, Autorin, Verlegerin und Chefredakteurin der *Emma*, bekanntestes Gesicht der Frauenbewegung in Deutschland. Unbestreitbar hat sie Frauenprotesten, Frauenthemen ein Gesicht gegeben, eine mediale Stimme. Sie wurde und wird wahrscheinlich bis heute von vielen Frauen bewundert. Stellvertretend für viele Frauen, die sich nicht so konfrontativ in die Öffentlichkeit trauten, hat sie ordentlich Prügel bezogen. Sie hat gestritten, geschrieben, gekämpft; sie gilt als Feministin und sieht sich auch selbst als eine.

Ihren Bekanntheitsgrad verdankt sie der Frauenbewegung, ihrer Freundschaft zu Simone de Beauvoir, ihrem Buch *Der »kleine Unterschied« und seine großen Folgen* (1975) ihrer Kunst zu provozieren, aber auch ihrer Fähigkeit, eigene Standpunkte und Prinzipien sporadisch abzulegen – so zum Beispiel, als sie für die *Bild*-Zeitung vom Vergewaltigungs-Prozess gegen Jörg Kachelmann berichtete. Ausgerechnet in der *Bild*-Zeitung, dem von ihr einst aufs Schärfste kritisierten Schandblatt mit halbnackten Mädchen auf der Titelseite. All die Kritik – einfach hinuntergeschluckt zum Wohle der Berichterstattung. Oder vielleicht doch eher wegen der damit sichergestellten Aufmerksamkeit anderer Medien?

Wie war das noch damals, 1978: Alice Schwarzer und die *Emma* machten sich stark gegen die sexistischen Cover des *Stern*. Wie war das noch? »Wir, die Frauen von *Emma*, sind nicht länger gewillt, das hinzunehmen! Wir hoffen, dass eine breite Öffentlichkeit von Frauen – und Männern – uns unterstützen wird bei diesem Kampf gegen die Entwürdigung eines ganzen Geschlechts. Und wir sind überzeugt, dass sofort etwas unternommen werden muss, denn der rapide Anstieg frauendiskriminierender Darstellungen lässt für die Zukunft noch Übleres befürchten.«[44] Da hatten sie Recht, Alice Schwarzer und die *Emma*-Frauen von 1978. Und heute hätten sie mindestens genauso Recht, denn es scheint eher noch schlimmer geworden zu sein. Doch wo bleibt der Aufschrei der heutigen *Emma*-Frauen? Oder hören wir ihn nur nicht, weil ihre Chefin zu laut in der *Bild*-Zeitung kräht?

Wobei sie natürlich die Zügel für ihr eigenes Steckenpferd trotzdem nicht aus der Hand gibt. Ihr Versuch, eine Nachfolgerin für sich zu finden, scheiterte mit einem lauten Knall: Lisa Ortgies, Moderatorin des einzigen wirklich für Fraueninteressen relevanten WDR-Formats *Frau TV* sollte in die schwarzerischen Fußstapfen treten und die Geschicke in der Chefredaktion der *Emma* leiten. Immerhin zwei Monate, von Mai bis Juni 2008, durfte sie dann auch ihres Amtes walten, bevor Alice ins Emmaland zurückkehrte und den Thron wieder für sich beanspruchte. Die Begründung? Nun, da gibt es zwei – beide sehr bezeichnend.

Zunächst teilte Frau Schwarzer mit, dass die Einarbeitung von Frau Ortgies mehrfach verschoben worden war – wegen ihrer Kinder und ihres kranken Vaters. Das war natürlich gleich eine schlechte Arbeitsbasis. Ich nehme an, diese Argumentation hätte den meisten männlichen Führungskräften schon gereicht, um Frau Schwarzers Kummer über diese Situation nachfühlen zu können. Sie sind ja auch schrecklich, diese Familienmenschen mit ihren internen Angelegenheiten! Mal ehrlich: Da bietet man schon einer Frau eine Führungsposition an und was hat man davon? Nur Ärger!

44 Alice Schwarzer, Emma 7/1978, zitiert in: Alice im Männerland – eine Zwischenbilanz, 2002.

So viel zu Grund Nummer eins. Aber die wahrheitsliebende Frau Schwarzer hält mit keinen Fakten hinter dem Berg – Aufklärung ist ihre Devise, dafür steht sie mit ihrem Namen. Also offenbart sie auch noch den zweiten Grund – und der ist so simpel wie vernichtend –, nämlich dass Lisa Ortgies sich leider einfach nicht für die umfassende Verantwortung einer Chefredakteurin eigne.

Ja, dann leuchtet es natürlich ein, dass sie gefeuert wurde – obwohl man sich natürlich trotzdem noch lieb hat ... Dennoch möge die Anmerkung erlaubt sein: Einfühlender Führungsstil geht irgendwie anders. Und noch fragwürdiger vor diesen Hintergrund wird Frau Schwarzers tatsächliche Solidarität mit ihren Genossinnen. Im Interesse der Frau und des Feminismus kann es sicher nicht sein, die Mutterschaft und damit verbundene Verpflichtungen einer Frau als Kündigungsgrund zu deklarieren.

Was sagt uns das? Männer und Frauen sind sich offenbar letztlich gar nicht so unähnlich: Beide trumpfen mit ihrer Macht gern auf und keiner gibt sie gern ab. Die eigenen Vorteile sind am Ende doch oft die stärksten Einflüsse, egal wer am Wegesrand zurückbleibt – oder welche Sache, für die man angeblich kämpft, dafür verraten wird. Alice Schwarzer ist das weibliche Beispiel dafür, dass sich Männer und Frauen bei entsprechender hierarchischer Konstellation nicht voneinander unterscheiden.

Und noch eine Frage drängt sich auf: Hat Frau Schwarzer Recht mit ihrer Einschätzung? Ist Frau Ortgies der Herausforderung wirklich nicht gewachsen? Schon vor dem »Machtwechsel« konnte man hin und wieder Stimmen vernehmen, die behaupteten, Frau Schwarzer beherrsche die Redaktion der *Emma* derartig, dass nur diejenigen Mitarbeiterinnen langfristig dort bleiben könnten, die sich ihr mit Haut und Haaren verschrieben hätten. Ob dies wirklich zutrifft, ist schwer zu bewerten. Allerdings gibt die Posse um die Nachbesetzung der Chefredaktion den älteren Gerüchten reichlich Nahrung. Geradezu klassisch wird hier Schwarzers Unfähigkeit deutlich, anderen Talenten Spielraum zu geben, sich selbst zurückzunehmen im Interesse des Blattes und vielleicht auch im Sinne der vielen Frauen, die gern ein aktuelles, frisches Bild der *Emma* gesehen hätten.

Wie Frau Ortgies im *Spiegel*[45] berichtete, hatte ihre Vorgängerin ihr keine Chance gelassen, ihre Ideen und ein neues Konzept umzusetzen. Alice Schwarzer war immer präsent und gab weiterhin den Ton an. Laut der *taz*[46] wollte Frau Ortgies die *Emma* mit der Thematik des aufkeimenden »neuen Feminismus« zu hitzigen Diskussionen führen und dem dahinsiechenden Blatt so wieder etwas Leben einhauchen. Frau Schwarzer habe dieses Ansinnen aber eher als Bedrohung empfunden. Neuer Feminismus – das kann für Alice Schwarzer nur nach einem Generationswechsel geklungen haben, der sie aufs Abstellgleis katapultiert hätte. Kein Wunder also, dass sie die Notbremse zog ...

Die Reaktion auf Alice Schwarzers Umgang mit Frau Ortgies war von Frauenseite entsprechend kritisch – es gibt also doch solidarische Frauen, nur eben nicht unbedingt da, wo man sie am ehesten vermuten würde. So meldete sich die Biografin von Alice Schwarzer und frühere Chefredakteurin der *taz*, Bascha Mika, zu Wort und bezeichnete das Verhalten von Alice Schwarzer gegenüber dem *Spiegel* als »frauenverachtend, bösartig und gemein«.[47]

---

45 Der Spiegel, 31.05.2008.

46 taz, 31.05.2008

47 Der Spiegel, 31.05.2008.

Harter Tobak gegen die Frau, die einst als personifizierter Feminismus gefeiert wurde. Der Fairness halber sollten wir uns vor Augen führen, dass Alice Schwarzer sicher nicht die einzige Frau ist, die frauenverachtend, bösartig und gemein mit anderen Frauen umspringt. Viele Frauen in der Bundesrepublik Deutschland werden in verschiedenen Situationen daran geglaubt haben, Frauen träten ihnen in ihrem unmittelbaren Arbeitsumfeld wohlgesonnener gegenüber als Männer. Und bestimmt haben ebenso viele Frauen in diesen Situationen erfahren, dass sie sich auf keinen Fall auf weibliche Solidarität verlassen können, wenn es um Erfolg, Geld und Macht geht. Alice Schwarzer ist eine ganz gewöhnliche karriereorientierte Frau, die ohne Rücksicht auf andere (weibliche) Belange ihren Weg geht. Wer ihr dabei nicht folgt, wird fallen gelassen. Wer aus ihrer Sicht ihre Person und ihre Arbeit nicht angemessen würdigt, egal ob männlich oder weiblich, wird kritisiert. Auch öffentlich. Auf Taktgefühl und Diplomatie darf man bei Alice Schwarzer nicht hoffen.

Liegen diese Tugenden einfach nicht in Frau Schwarzers Naturell oder verzichtet sie absichtlich auf die Anwendung dieser Kompetenzen, weil sie als »typisch weiblich« gelten? Weder das eine noch das andere spräche für sie: Mangelt es der guten Alice wirklich an Einfühlungsvermögen und kommunikativer Kompetenz, so wäre sie wohl kaum eine repräsentative Chefredakteurin, am wenigsten von einer Zeitschrift, die sich damit brüstet, die Frauen zu verstehen und für sie zu sprechen. Verbirgt sie diese Stärken, so wäre dies im Grunde ein Zeichen von feministischer Niederlage, weil es zeigt, dass auch eine Frau Schwarzer sich nur mit Mitteln der Männermacht im Männerbusiness behaupten kann.

Der Feminismus will doch nicht alle Frauen in machtgeile, hierarchisch denkende Managertypen verwandeln, sondern ihren generellen Stellenwert steigern. Wäre es da nicht viel sinnvoller, die Kommunikationsstärke der Frauen auch den Männern anzutrainieren und so einen respektvolleren Umgang zu fördern?

Bei der Wahl des richtigen Tons trifft Frau Schwarzer leider nicht immer ins Schwarze. So kann es – um ein weiteres Beispiel anzubringen – eigentlich für in der Frauenbewegung aktive Frauen nur eine Meinung geben, wenn es um die Bewertung von diktatorischen Regimen auf der Welt geht, und diese Meinung sollte laut vernehmlich sein. Doch die Oberfeministin Deutschlands ist auch im Hinblick auf diese Thematik immer für eine Überraschung gut: Frau Schwarzer war in Burma, in Myanmar. Im Jahr 2008 ist sie dort unterwegs, kehrt zurück und offenbart im Feuilleton-Teil der *FAZ*[48], wie schön es dort gewesen sei. Burma/Myanmar macht seit Jahrzehnten Schlagzeilen wegen der unmenschlichen Junta-Diktatur. Davon hat Frau Schwarzer nichts gesehen. Ein paar alte Generäle, die nicht mehr dorthin gehören, na gut, aber sonst …

Kritik an einem System klingt anders – das weiß man gerade in Myanmar, wo eine Frau seit Jahrzehnten für Freiheit und Unabhängigkeit in ihrem Land kämpft. Eine Frau, der 1991 »für ihren gewaltlosen Kampf für Demokratie und Menschenrechte«[49] der Friedensnobelpreis verliehen wurde. Den sie nicht persönlich in Stockholm in den Händen halten konnte, aus Angst, nicht wieder in ihre Heimat gelassen zu werden. Aung San Suu Kyi hat vieles auf sich genommen für

48 FAZ, 16.02.2012.

49 Pressemitteilung des Norwegischen Nobelkomitees vom 14.10.1991.

die Menschen in ihrem Land. Eine bewundernswerte Frau. Ob sie selbst eine Feministin ist, ist nicht bekannt und tut auch nichts zur Sache. Aber eine Feministin, nein *die* deutsche Feministin schlechthin besucht dieses Land und bleibt völlig unkritisch.

Die *Süddeutsche Zeitung* hat die Äußerungen von Alice Schwarzer am treffendsten kritisiert: »Goldhäutige und heitere Menschen: Alice Schwarzer hat in Birma exklusives Touristenglück erlebt – und kein wirkliches Elend gesehen. Leider verschont sie uns nicht mit diesem groben Unfug.«[50]

Ja, es ist schon schwierig, politisch differenzierte Standpunkte zu vertreten, wenn man vornehmlich um sich selbst und sein eigenes kleines »Emmaversum« kreist.

Jüngstes Beispiel: die Auseinandersetzung zwischen Alice Schwarzer und der Landesregierung von Nordrhein-Westfalen. Hier regiert bekanntlich eine Ministerpräsidentin, Hannelore Kraft, und ausgerechnet diese von einer Frau geführte Landesregierung – welch ein Frevel – kürzt einfach die staatlichen Mittel für ein Kind der Alice Schwarzer: den FrauenMediaTurm in Köln. *Mich weht die Intrige an*, titelt die *Zeit* am 16.02.2012 nach einem Besuch im bedrohten Turm.

Zum Glück hat das Land NRW aber auch noch eine Emanzipationsministerin, Barbara Steffens, die doch sicher helfen will! Aber nein, diese verweist nur auf die schwierige Haushaltslage des Bundeslandes und gibt ihrer Chefin Rückendeckung. Das kann natürlich nur eine Intrige sein, glaubt Alice Schwarzer, und macht das Ganze mit ihrem medialen Talent zum Drama. Von der Gefährdung eines Teiles ihres Lebenswerkes soll sie gesprochen haben.

Nun ist der gemeine Steuerzahler oder auch die gemeine Steuerzahlerin vielleicht nicht unbedingt bereit, für Lebens-

50 Süddeutsche Zeitung, 03.06.2008.

werke zu zahlen, und unterschätzt womöglich die große Bedeutung dieses Archives für die Welt.

Der *Zeit*-Redakteur, um Aufklärung bemüht, recherchiert sofort vor Ort und registriert mehrere *Emma*-Redakteurinnen in besagtem Turm. Diese Randnotiz im Artikel ist deswegen nicht uninteressant, weil kolportiert wurde, ein Grund für die Mittelkürzung sei, dass in dem Archiv, für das wahrscheinlich zweckgebundene Gelder geflossen sind, die Redaktion der *Emma* untergebracht sei. Ein Vorwurf, der schon im Jahr 1995 kursierte.[51] Die Zeitschrift ist allerdings wohl kaum ein förderungswürdiges Projekt nach den Kriterien des Haushaltes des Landes Nordrhein-Westfalen. Aber die Unterstellung der Verlagerung der *Emma*-Redaktion in den Turm ist wahrscheinlich ein Teil der von Frau Schwarzer ausgemachten Intrige gegen sie. Bestimmt waren die Redakteurinnen nur zufällig anwesend und recherchierten im Archiv für Artikel für die nächste *Emma*-Ausgabe.

Frau Schwarzer, so ergibt es sich aus dem Interview, fühlt sich von den Frauen der Landesregierung verraten. Immerhin wurden die beiden Frauen Kraft und Steffens in der *Emma* porträtiert, und das wird ihren Bekanntheitsgrad erheblich in die Höhe getrieben haben. Bei so viel erkennbarer Frauensympathie hätte die Super-Feministin der Nation nun wirklich mehr Loyalität und Pietät im Umgang mit ihrem Lebenswerk erwartet.

Via *Zeit* verkündet Frau Schwarzer dann auch die Kampfansage an die beiden Undankbaren: »Das Archiv wird mich überleben. Richten Sie den Grünen und allen anderen lieben Freunden und Freundinnen bitte aus: Vor 2063 gehen wir hier nicht raus.« Na dann, wozu die Aufregung, Frau Schwarzer?

51 Der Spiegel 5/1995.

Die wäre eher wegen einer anderen, zufällig nebenbei zutage geförderten Erkenntnis über die Feministin Nummer eins angebracht gewesen. Zufall ist hier übrigens auch das Stichwort. Auf die Frage: »Frau Schwarzer, in Zeiten der von Ihnen selbst deklarierten Gefährdung Ihres Lebenswerks muss die Frage lauten: Wie stehen sie zu dem Gerücht, dass Sie sich mit Männern einfach besser verstehen als mit Frauen?«, schwieg die Angesprochene mindestens zehn Sekunden, lächelnd – ein Moment der Reflexion? –, bevor sie gesteht: »›Darüber habe ich in letzter Zeit auch viel nachgedacht.‹ Sie sei bei den Großeltern aufgewachsen. Aus der atypischen Kindheit sei sie gleich in die Kameradschaft mit Frauen und Männern und von da aus in die Frauenbewegung gerutscht. ›Es hat einige Jahre gebraucht, bis ich die komplizierten Strukturen unter Frauen verstanden habe. Zugegeben: Das kam gefährlich spät.‹«[52]

Unsere große, nein, größte Kämpferin für die Frauenbewegung hat ihre Karriere also dem Zufall zu verdanken. Bedeutet das, dass ihre Karriere ohne Überzeugung für die Sache begann? War ihr das Thema letztlich egal, solange es nur öffentlichkeitswirksame Auseinandersetzungen zur Folge hatte?

So oder so: Es hat die Frauen getroffen – und die stecken nun tief und fest in einer Alice-Schwarzer-Falle, denn bis auf weiteres werden die Frauen ertragen müssen, dass sie in ihrem Namen ihre Stimme erhebt. Egal ob die Frauen das wollen oder nicht. Dies ist in der Tat ein Drama, jedoch nicht für Frau Schwarzer, sondern für viele, die nach wie vor davon überzeugt sind, dass sich der Kampf um die Emanzipation der Frau in der deutschen Gesellschaft lohnt.

52 Die Zeit, 16.02.2012.

Müssen wir Frauen nun alle maßlos enttäuscht sein? Nein, denn Frauen wissen, dass vieles, was ihrem Geschlecht angedichtet wird, nicht den Tatsachen entspricht. Frauen können gemein, brutal, hinterhältig und kriegerisch sein. Frauen sind nicht von Natur aus das friedlichere Geschlecht. Frauen sind in der Lage, andere Menschen zu verletzen, physisch wie psychisch. Es lässt sich nicht wegleugnen: Frauen sind auch nur Menschen. Und Alice Schwarzer ist eine Frau.

Jung sein, schlank sein – dann wird alles gut

»Die Emanzipation existiert nur, um hässliche Frauen in die Gesellschaft zu integrieren.«
(Henry Charles Bukowski)

»Gehst du zum Weibe, vergiss die Peitsche nicht.«
(Friedrich Nietzsche)

»Was haben eine dicke Frau und ein alter Esel gemeinsam? Es macht Spaß, auf ihnen zu reiten, aber es ist peinlich, wenn man dabei beobachtet wird.«
(Witz)

Im Internet sind unzählige solcher Chauvisprüche nachzulesen. Diese kleine Auswahl ist exemplarisch dafür, worüber Männer in der heutigen Zeit lachen. Allerdings braucht es keinen Blick auf diese Seiten im Netz, um zu wissen, wie die heutige Zeit die Frauen am liebsten hat: jung, schlank und anpassungsfähig.

Soll die bundesdeutsche Idealfrau am Körper möglichst kein Gramm Fett nachweisen, so wird andererseits doch Wert darauf gelegt, dass ein Körperteil möglichst überdimensional hervorstechen soll: die Brüste. Sie gelten scheinbar als Maßstab für das ewig Weibliche. Demnach wundert es nicht, dass vor einiger Zeit ein Atlas der Körbchengrößen das Licht der Welt erblickte. Natürlich interessierte das fast alle Medien; bei *Bild.de* war Folgendes nachzulesen: »Russ-land und Skandinavien sind mit durchschnittlich mehr als einem D-Körbchen ganz weit vorne. (...) Aber auch Deutschland spielt weit oben mit: Die deutsche Frau wartet mit einem ordentlichen D-Cup auf.«[53] Na, Gott sei Dank, dass ER die deutsche Frau so gut ausgestattet hat – im Durchschnitt, versteht sich.

Leider können sich Frauen, die diesen so gelobten Vorzug vorweisen können, trotzdem nicht sicher sein, in der männerdominierten Welt einen Vorsprung zu haben. Wie sonst erklärt es sich, dass Frauen sich per Operation die Brüste nicht nur vergrößern, sondern auch verkleinern lassen? Die Vermutung liegt nahe, dass dies mit dem jeweiligen Mann zu tun hat, dem die Frauen gefallen wollen. Schließlich soll der Busen anscheinend gern groß sein, darf aber nicht hängen. Er soll fest sein – was wiederum von Natur aus ab einer gewissen Größe eher selten zu haben ist –, also muss daran gearbeitet werden. Zugegeben, die Fixierung auf das äußerliche Erscheinungsbild hat bereits in vergangenen Zeiten eine Rolle gespielt. Der heutige Maßstab wird jedoch derart durch die Medien und technische Möglichkeiten digitaler Perfektion bestimmt, dass der Durchschnittsmensch sich immer hässlich fühlen *muss*. Da der Blick der Öffentlichkeit auf das Äußere bei Frauen immer kritischer ausfällt als bei Männern, ist diese Entwicklung der letzten Jahrzehnte mehrheitlich ein Frauenproblem.

Das Gewerbe mit der Schönheit boomt seit Jahren. Die Anbieter tragen der hohen Nachfrage Rechnung. Damit sich auch die Normalfrau operierte »Schönheit« leisten kann, sind gestraffte Lider, Fettabsaugung oder Brustvergrößerung bzw. -verkleinerung auch im Ratengeschäft möglich. Verschulden für das Idealbild als Frau.

Wie viele Frauen jährlich an sich herumschnippeln lassen, ist nicht genau erfasst, da nicht alle Personen, die sich

53 www.bild.de, 25.04.2012.

»ästhetisch-plastischen Eingriffen« verschrieben haben, in den Verbänden, wie zum Beispiel der Gesellschaft für Ästhetische Chirurgie, Mitglied sind. Die Mediziner, die auch auf die Risiken solcher chirurgischer Eingriffe hinweisen, beklagen, dass der Begriff »Schönheitschirurg« in Deutschland kein geschützter Begriff ist und somit Tür und Tor für alle erdenklichen Schönheitsversprechen auf dem Operationstisch geöffnet sind. Einer der Bekanntesten der Branche, Prof. Werner Mang, der sich selbst schon Vorwürfen des zu schnellen Schnittes durch nicht gut ausgebildetes Personal in seiner Bodenseeklinik ausgesetzt sah, hat bereits 2003 verkündet, dass immer jüngere Frauen derartige Veränderungen ihres Körpers wünschten: »Noch vor fünf Jahren habe das Alter für kosmetische Eingriffe deutlich über zwanzig Jahre gelegen, jetzt kämen schon Zwölfjährige mit dem Wunsch einer Brustvergrößerung zu den Schönheitschirurgen.«[54]

Trotz energischer und autonomer Frauenbewegung im 20. Jahrhundert ist für heute heranwachsende Frauen anscheinend der ideale Körper schon im Teenageralter eines der erstrebenswertesten Ziele. Es stellt sich hier die Frage: Wo sind die Mütter? Ist es ein Zeichen der Resignation einer Frauengeneration, dass sie zusehen, wie ihre Töchter sich mit einem dem propagierten Medienbild entsprechenden perfekten Körper ausstatten lassen? Musste die Generation der Mütter vielleicht in der Mehrheit feststellen, dass, trotz der angeblich besseren Chancen für Frauen durch die Errungenschaften der Frauenbewegung, der eigene Weg unverändert steinig geblieben ist? Und raten sie deshalb ihren Sprösslingen, auf Altbewährtes – die »Waffen der

54 www.stern.de, 14.07.2003.

Frauen« – zurückzugreifen, nach dem Motto: Gefalle den Männern, dann stehen dir alle Türen offen?

Nicht nur die Mütter, die sich wahrscheinlich spätestens mit vierzig Jahren auch zur Faltenstraffung unter das Messer legen, vermitteln den heranwachsenden Frauen, dass es mehr auf das propagierte Schönheitsbild ankommt als auf Bildung und weibliches Selbstbewusstsein. Auch eine Vielzahl an Mädchenzeitschriften, die sich natürlich bombig verkaufen, nährt den Hype um Modelmaße und Push-up-BHs. Nach Hinweisen oder Spuren des unabhängigen, selbstbewussten, feministischen Frauenbildes sucht man in diesen Zeitschriften vergebens.

In einer sprachwissenschaftlichen Untersuchung aus dem Jahr 2005 von zwei Mädchenzeitschriften offenbart sich für frauenbewegte Menschen ein erschreckendes Bild. Untersucht wurden die beiden Mädchenzeitschriften *Brigitte Young Miss* und *Bravo Girl*. Die Analyse zeigt zum Beispiel auf, dass bei der Bewertung von Körperlichkeit das Abweichen von der idealen Körperform grundsätzlich negativ beschrieben wird. Verbunden mit der Botschaft, die jungen Leserinnen sollten einen perfekten Körper anstreben, wird auch der Körpersprache Raum gegeben. Zum vermittelten Bild in *Bravo Girl* heißt es in der Untersuchung: »Die Bewegungen von Frauen in *BG* sind erotisch und wirken auf den Mann: ›sexy moves‹, (...) ›dem Hüftschwung widersteht keiner!‹, ›verführerischer Augenaufschlag‹, ›warum dich deine Körpersprache so unwiderstehlich macht‹ (...)«[55]

Auch das Partnerschaftsgefüge von Mann und Frau wird auf der Grundlage von Körperlichkeit und Attraktivität bewertet: »Die Beziehung zwischen Frau und Mann

55 Parissa Chagheri: Die Sprache der Mädchenzeitschriften, 2005, S. 85.

ist nach dem Aussehen mit 47 Erwähnungen die zweithäufigste Kategorie – 20-mal in *Bravo Girl*, 27-mal in *Brigitte Young Miss* wird diese Beziehung angesprochen. In beiden Mädchenzeitschriften wird dabei keine gleichberechtigte Partnerschaft zwischen Frau und Mann dargestellt. Es geht nicht um ein Miteinander, thematisiert werden Möglichkeiten für Frauen, für Männer interessant zu wirken, sich als Objekt anzupreisen.«[56]

LeserInnen mit einem hoffnungsvollen Blick auf die für Frauen erstrebenswert erachteten Berufsziele kann das Gutachten ebenfalls nur desillusionieren: »Alltägliche Berufe werden den Leserinnen in ihrer Zeitschrift nicht präsentiert, es werden Traumberufe gezeigt, bei denen der Schwerpunkt auf der Präsentation des weiblichen Körpers liegt, schulische Qualifikation wird nicht gefordert. Karriere und Erfolg in herkömmlichen Berufen scheinen keine erstrebenswerten Ziele zu sein.«[57]

Bei so viel erzieherischer Hilfestellung verwundert es nicht, dass ein Begriff in Bezug auf junge Frauen immer stärker den Weg in die Öffentlichkeit fand: das It-Girl. Angelehnt an eine Rolle des amerikanischen Stummfilmstars Clara Bow im Film *It* – im Deutschen *Das gewisse Etwas* – von 1927 steht dieser Begriff heute für junge, hübsche Mädchen, die in den Fokus der Öffentlichkeit geraten sind, ohne dazu eine besondere Leistung erbracht zu haben, die ihre Popularität erklären würde.[58] Das It-Girl ist sozusagen die Personifikation des in den Mädchenzeitschriften glorifizierten Ziels, mit Hilfe des Körpers und sexueller Ausstrahlung Medienprä-

56 Ebd.

57 Ebd., S. 84.

58 Vgl. www.wikipedia.org/It-Girl.

senz zu erlangen, um so in die Welt des Glamours einzudringen und viel Geld einzuheimsen.

Beim Aufbau einer solchen Karriere ist das Internet sehr nützlich, wie ein Bericht der *Süddeutschen Zeitung* über den Aufstieg eines US-amerikanischen 17-jährigen Mädchens names Cory Kennedy zeigt. Unter der Überschrift *Kann nichts, tut nichts – ist berühmt*[59] wird das Phänomen exemplarisch seziert: »Gerade einmal zwei Jahre hat es gedauert, bis aus der unbekannten Schulgöre ein It-Girl wurde, im Internet und in der Wirklichkeit.« Nur durch ein paar extravagante Fotos im Netz. Sie lebt, so wird weiter berichtet, den Traum eines jeden Teenagers – eines *weiblichen* wäre zu ergänzen.

---

59 Süddeutsche Zeitung, 21.10.2007.

Die Heidi-Klum-Falle

Wenn es nun mit der Karriere des It-Girls nicht funktioniert, gibt es einen weiteren Traumberuf für Mädchen, der Blitzlichtgewitter und Geld oder zumindest die Möglichkeit verspricht, in der Welt der Schönen und Reichen dem Traummann zu begegnen: Modeln.

In den Achtzigerjahren des 20. Jahrhundert erobert mit Claudia Schiffer eine deutsche, schöne, junge Frau die Welt der Mode. Das deutsche Topmodel ist geboren. Claudia Schiffer erlebt den Aufstieg in diesem harten Beruf und wird von den Topdesignern der Welt für Shows gebucht, die in der Modewelt die Crème de la Crème bedeuten. Die Deutschen sind stolz auf den neuen Star. Claudia Schiffers Erfolg rückt den Modelberuf mehr als jemals zuvor in den Fokus der Öffentlichkeit. Doch sie ist es nicht, die auf die Idee kommt, den Job zu vermarkten, ihn selbst zum Trend zu machen. Dafür sorgt erst einige Jahre später eine andere Frau: Heidi Klum. Im Gegensatz zu Claudia Schiffer ist sie eigentlich gar kein richtiges Model. Die Kriterien für diesen Beruf sind offenkundig: Man modelt auf den Laufstegen der Welt. Im besten Fall wird man das Gesicht einer weltweit erfolgreichen Modemarke. Heidi Klum hat, so spotten die Kenner der Szene, nie einen Laufsteg der erfolgreichen Modedesigner gesehen. Einer der Gurus der Modewelt, Karl Lagerfeld, gab 2011 im Fernsehen zu Protokoll, ihm sei Heidi Klum nicht einmal ein Begriff: »Die war nie in Paris, die kennen wir nicht.«[60] Nichtsdestotrotz wird Heidi Klum durchgängig als Topmodel bezeichnet – was wahrscheinlich daran liegt, dass

60 www.bild.de, 19.03.2010.

es keine ausgewiesenen Ausbildungskriterien für diesen so genannten Traumjob gibt. Model ist heutzutage doch wohl schon jemand, der einigermaßen graziös und mit den entsprechenden Körpermaßen ausgestattet ist und sich vor Kameras und Fotografen in Szene setzen kann. So ist bei Heidi Klum lediglich nachweisbar, dass sie für Bademoden oder teure Unterwäsche als Model tätig war. Die Segnungen der großen Modehäuser in Paris, Mailand oder New York blieben ihr jedoch verwehrt. Das mag seine Gründe haben, tut ihrer Karriere aber keinen Abbruch. Denn was sie wirklich kann, ist, sich zu vermarkten. Sie ist in den Medien dauerpräsent. Ihre Beziehungen werden genauso öffentlich gelebt wie ihre Schwangerschaften. Im Gespräch zu bleiben scheint das Hauptbestreben von Frau Klum zu sein. Tatkräftig unterstützt wird sie dabei durch die Medien und zahlreiche lukrative Werbeverträge für die unterschiedlichsten Produkte und Marken wie McDonalds – sehr glaubwürdig.

Dies alles wäre nicht weiter erwähnenswert, wenn Heidi Klum, trotz der doch eher spärlichen Anerkennung und Akzeptanz ihrer »Modelkarriere« in Fachkreisen, sich nicht aufgeschwungen hätte, jungen Mädchen und Frauen die Kniffe und Tricks des Modelbusiness beibringen zu wollen, sie also zu dem Erfolg zu führen, den sie selbst nie erreicht hat.

Eigentlich entspricht sie mehr der Beschreibung eines erfolgreichen It-Girls als dem eines erfolgreichen Topmodels. Aber sei es drum, ihre Castingshow *Germanys next Topmodel* ist seit sieben Staffeln ein Fernsehhit. Dass sie selbst nie ein Topmodel im Sinne einer Claudia Schiffer war, interessiert weder die Programmmacher noch die Tausenden Kandidatinnen, die sich jährlich anschicken, ihr Glück in Heidis Show zu versuchen. Von den Millionen Zuschauerinnen ganz zu schweigen. Und Heidi selbst strotzt geradezu vor

Selbstbewusstsein, sodass dieser »Makel« ihr nichts anhaben kann.

Bei einer Fachtagung zum Thema *Traumberuf Model. Körperideale in den Medien – Essstörungen in der Realität* (2010) von der Landesstelle Jugendschutz Niedersachsen wird Heidi Klums Sendung zum Referatsthema. Die Referenten erklären, worin die Faszination der Sendung gründet und welche Gefahren sie für Mädchen und junge Frauen birgt: »Diese Inszenierungsleistungen der jungen Frauen und deren Beurteilungen durch eine Jury stehen im Mittelpunkt der Sendung. Die Jury besteht aus (…) Heidi Klum und weiteren Experten, von denen wiederholt gesagt wird, dass sie im internationalen Maßstab die Besten ihres Faches seien. (…) In der Sendung wird durch die Kommentare der Experten der Eindruck einer Bildungsinstitution für junge Frauen auf Elite-Level geweckt. Das Lehr-Lern-Verhältnis wird als exklusives Meister-Schüler-Verhältnis in Szene gesetzt. Die Meister nehmen persönlich am Fortkommen der jungen Frauen Anteil und äußern wiederholt, dass sie ›die Mädchen bis zuletzt geprüft haben‹ wollen. Daher muss der Lehrgang hart sein und die jungen Frauen müssen sich bedingungslos unterordnen und disziplinieren. Die Rückmeldungen (der Jury, d. Verf.) sind grenzüberschreitend, beschämend und gehen bis ins Sadistische (Emotionalisierung). (…) Das Versprechen dieses harten Lehrgangs liegt darin, dass es die jungen Frauen durch Anstrengung weit bringen können – d. h. in das internationale Glamourleben eintauchen zu können. Damit ist ein sozialer Aufstieg verbunden, der für junge Frauen wie die Kandidatinnen nur schwer und selten möglich ist.«

Das Model Heidi Klum, das so schön Bademode und Unterwäsche tragen kann, wird in dieser Sendung zum strahlenden Vorbild – die Mädchen wollen werden wie sie. Obwohl das eigentlich eine Karriere als richtiges Topmodel ausschließt, denn das ist die Meisterin in dieser Sendung ja selbst nicht. Aber die Mädchen, ihre Sehnsüchte und Hoffnungen und ihre Zukunft als Model sind im Grunde ohnehin nur Nebensache. Kerngeschäft der Show ist die Inszenierung der »Marke« Heidi Klum. Dazu gehört auch, dass sie in der Sendung durchgängig als Profi dargestellt wird. Allerdings nicht im Fach »Selbstvermarktung«, sondern als Profi im Dasein zwischen den Reichen und Schönen.

»Für die Sendung ist typisch, dass die jungen Frauen in starken Emotionen und im Kontrollverlust gezeigt werden. (…) Ihnen steht der Stress auf dem ganzen Körper geschrieben und sie bibbern vor Angst vor den Kommentaren des Regisseurs. Der gibt vernichtende Urteile über ihre schlechten Leistungen ab, die ebenso beschämend ins Bild gebracht werden. Diese Aufnahmen wechseln mit den Bildern von Heidi Klum, wie sie pfeift und mit dem ›Horror-Regisseur‹ herumblödelt.«

Nicht nur, dass die gestressten Kandidatinnen sich niedermachen lassen müssen; durch und über sie werden über die Sendung auch klare sexuelle Botschaften vermittelt. »Hinzu kommt, dass das Repertoire der Inszenierungsaufgaben für die Kandidatinnen ein enges Spektrum aufweist. Stereotype Bilder sexueller Verführung dominieren die Übungssettings (nicht nur, aber ganz oft: Virgin, young virgin, vamp). Die Sendung liefert damit ein enges Zeichenrepertoire für den weiblichen Körper. Außerdem werden halbpornografische Inszenierungen glattweg als sportliche Trainings verharmlost (Poledance). Die ExpertInnen vermitteln außerdem, dass Darstellung von Nacktheit und Erotik als anspruchsvolle Inszenierungsleistung im Kontext von Arbeit zu verstehen ist. Wie wir wissen, dienen diese Inszenierungen immer auch der Unterhaltung und bedienen voyeuristische Interessen.«

Nicht nur auf Fachtagungen, die sich mit Entwicklung von Traumberufen im heutigen Deutschland beschäftigen, findet sich Heidi Klum mit ihrer Ausschlachtung junger Mädchen in der Kritik. Dazu beigetragen hat eine Gewinnerin der Show, die seitdem mit dem Titel Topmodel durch die Gazetten geistert. Sie hatte sich gegen die plötzliche Erweiterung ihrer Verpflichtungen gegenüber dem Klum-Konzern gewehrt und darauf gepocht, nur die Verpflichtungen erfüllen zu müssen, die in dem vor ihrer Teilnahme abgeschlossenen Vertrag vereinbart waren. Der Druck der Klums, also Vater und Tochter, entweder sie nehme auch die bisher nicht im Vertrag definierten weiteren Verpflichtungen wahr oder sie dürfe bei den bereits zugesagten Schauen nicht auftreten, wirkte bei ihr nicht. Sie kündigte den Vertrag und gab der Presse zu Protokoll: »Für die Klums gehörte ich nicht dazu, ich bin für sie nur ein Ding.«[61] Ein Ding zum Geldverdienen. Denn wie das ehrenwerte *Handelsblatt* zu berichten weiß, verdient die Klum-Firma genug – und ihre Sponsoren gleich mit. »Laut der Studie eines Frankfurter Instituts für Markencontrolling von 2009 hat sich etwa die Bekanntheit des Autos Suzuki Splash als einer der Hauptsponsoren von *GNTM* in der jungen weiblichen Zielgruppe von 20 bis 35 Jahren innerhalb von drei Monaten ebenfalls fast verdoppelt (von elf auf 20 Prozent).«[62]
Wenngleich mittlerweile einige der Kandidatinnen sich, lauter oder leiser, aus den Verträgen mit den Klums lösen,

61 Der Spiegel, 07.08.2011.
62 www.Handelsblatt.com/panorama/lifestyle.htm.

sind sie doch fest ins Geschäftsmodell von Heidi Klum und ihrem Vater integriert. Die Lizenzpartner wollen bedient werden, und solange die Sendung gesehen wird und erfolgreich ist, braucht Frau Klum ihren Kandidatinnenpool, um die zahlungskräftige Kundschaft zu bedienen. »Die Zahl dieser Partner hat sich seit der ersten Staffel über die Jahre angeblich verdoppelt. Kein Wunder: Für die Unternehmen lohnt sich eine Kooperation mit der weltbekannten Bergisch-Gladbacherin.«[63]

Die geschäftstüchtige Heidi Klum hat eine perfekt auf die Sehnsüchte von jungen Frauen abgestimmte Falle aufgebaut, an der sie selbst gut mitverdient. Ein Topmodel à la Claudia Schiffer ist – und das wird wohl niemanden wundern – bisher nicht daraus hervorgegangen. Diese werden im Idealfall entdeckt und gefördert von einer Vivienne Westwood oder einem Karl Lagerfeld. Heidis *Mädchen* – sie nennt sie in der Sendung niemals Frau, egal wie alt sie sind – laufen in der Regel »nicht etwa für die großen Designer auf den Catwalks in New York oder Mailand. Sie schlagen sich stattdessen im Dschungelcamp und Big-Brother-Haus herum, treten als Nackt-DJane auf oder machen – ebenfalls entblößt – Werbung für die Tierschutzorganisation PETA, damit es nicht ganz still um sie wird.«[64]

63 Ebd.

64 Ebd.

Mann gönnt sich Frauen

Apropos Nacktsein! Ein weiteres Metier, das vorwiegend von Frauen ausgeübt wird und durchaus einen kritisch-feministischen Blick vertragen kann, ist die Prostitution. »Prostitution ist eine gesellschaftliche Erscheinung des Patriarchats. Sie spiegelt patriarchale Herrschaftsverhältnisse wider und wird durch das patriarchale Geschlechtergefälle bedingt. (...) Prostituierte tragen dazu bei, tradierte patriarchale Verhältnisse, wie das existente Frauenbild, Klischees über weibliche Sexualität, Gewalt gegen Frauen, Definitionsmacht und Verfügungsgewalt über Frauen, zu reproduzieren.«

Diese Definition ist nachzulesen im Parteiprogramm der Feministischen Partei *Die Frauen*, die seit 1995 in der Bundesrepublik Deutschland existiert, von der Öffentlichkeit aber kaum zur Kenntnis genommen wird. Ihre Positionen sind anscheinend bei Diskussionen um »Frauenthemen« nicht gefragt. Dabei bringen sie gerade in Bezug auf die so genannte käufliche Liebe die aktuelle Situation der Frauen auf den politischen Punkt: »Prostitution in den heutigen Formen ist weiterhin eine geschlechtsspezifische Form der internationalen Ausbeutung und der Migrationsbewegung. Der weltweite Frauenhandel nimmt durch die Verschärfung der ökonomischen Gegensätze zwischen reichen Industrieländern und Ländern der Peripherie zu. Rassismus und Diskriminierung in der Prostitution sind durch kapitalistische Konkurrenz und Hierarchien bedingt.«

Sicher muss man von der feministischen Partei erwarten können, dass sie sich zu dieser Thematik äußert, aber was ist mit den etablierten Parteien? Sollten diese nicht ebenfalls klar Stellung beziehen? Insbesondere die Grünen hatten sich in der Vergangenheit für das so genannte Prostitutionsgesetz, das 2001 in Kraft trat, starkgemacht. Geregelt wird hier die Prostitution als Beruf, als Dienstleistung. Im Wahlprogramm der Grünen zur Bundestagswahl 2009 finden sich weiter gehende geplante Maßnahmen: »Zur Bekämpfung von Frauenhandel und Zwangsprostitution wollen wir die Opfer stärken« und »Wir wollen Freier von Zwangsprostituierten auch strafrechtlich zur Verantwortung ziehen«.

Diese Entwicklung hin zu einer Legalisierung der Prostitution geht auf die Frauenbewegung zurück. Seite an Seite kämpften Feministinnen mit Prostituierten, von denen sich mit Sicherheit einige als Feministinnen definierten, gegen die Diskriminierung der Frauen im »ältesten Gewerbe der Welt«. Alice Schwarzer und die *Emma*-Redaktion waren in dieser Frage immer auf der Seite, die die Feministische Partei proklamierte: Solidarität mit den Prostituierten – Bekämpfung der Prostitution. In dieser Frage haben sie ohne Zweifel Recht!

Die gewerbliche Tätigkeit als Prostituierte, also den Verkauf des Körpers für sexuelle Handlungen, gibt es schon sehr lange und in allen Kulturen. Versuche, Prostitution zu verhindern, gab es viele. Trotzdem hat sich das Gewerbe erhalten, gern im Dunkeln, auf heimlichen Wegen. Der Grund ist simpel: Das Gewerbe war schon immer ein lukrativer Wirtschaftszweig. Und dort, wo viel Geld verdient werden kann, ist es um die Moral häufig schlecht bestellt.

Wann genau der Verkauf von Sex in die Welt trat, ist wohl nicht bestimmbar. Belegbar scheint aber zu sein, dass es bereits 3.000 Jahre vor Christus eine Art Kult gab. Männer boten Geld für die Entjungferung von jungen Frauen, und zwar vor der Ehe. Das Geld war nicht für die Aussteuer der jungen Frauen bestimmt, sondern wurde den Fruchtbarkeitsgöttinnen gespendet, kam also dem jeweiligen Tempel zugute.

Ob religiöser Ritus oder schlichte Triebbefriedigung, egal wann und wo mit den Körpern von Frauen Geschäfte gemacht wurden, es galt immer ein Grundsatz: Der Mann sollte Spaß haben. »Im gesellschaftlichen Gefüge der Antike war die Frau dem Mann untergeordnet und Prostitution eine zum Vergnügen des Mannes offen betriebene und institutionalisierte Aktivität. Sexualität war kein Tabu, und profane, gewerbliche Prostitution gehörte selbstverständlich zum Leben dazu.«[65] Über die Gefühlslage der Frauen geben die historischen Aufarbeitungen der Entwicklung der Prostitution jedoch kaum bis gar keinen Aufschluss.

Mit der christlichen Lehre kam die Doppelmoral in die Welt. Die Frau als Verführerin, aber notwendig zum Erhalt der Menschheit, war quasi der Gegenentwurf zu der aus christlicher Sicht heidnischen Antike. Sexualität als körperliches und seelisches Vergnügen war nun endgültig Sünde. Doch gibt es – so zeigt es die ein oder andere Legende – Rettung für die Prostituierten-Seele, wenn die reuige Sünderin von ihrem Tun ablässt, sich dem christlichen Gott zuwendet und fortan in sexueller Entsagung im Kloster ein sittliches Leben führt. Bekanntestes christliches Beispiel ist wohl Maria Magdalena, die, angeblich als bekehrte Prostituierte zu Jesu Füßen Tränen der Reue vergießend, vom Sohn Gottes mit Vergebung für ihre Sünden beschenkt wurde.

65 www.planet-wissen.de.

In einem sehr dunklen Kapitel der europäischen Geschichte, dem Mittelalter, in dem die Macht der Kirche das Zusammenleben der Menschen bestimmte, entwickelte sich sogar eine legitimierte Form der Doppelmoral. Vor allem, um die so genannten »ehrbaren Frauen« zu schützen, wurde die Prostitution zwar moralisch verurteilt, aber rechtlich erlaubt. Belegt ist, dass die staatlichen Institutionen wohl vor allem an den finanziellen Einnahmen interessiert waren. So entstanden im 12. und 13. Jahrhundert so genannte Frauenhäuser, quasi vom Staat betriebene Bordelle. Aber auch die Kirche war durchaus an den Einnahmen der Frauen durch die Sünde interessiert.

»Der Klerus (...) machte sich die Prostitution rasch auch wirtschaftlich nutzbar. Nicht selten war sie mit ihm eng administrativ und finanziell verknüpft, gab es deshalb Kompetenzkonflikte mit Städten und Fürsten. Jeder wollte sich die Huren unterordnen und ihre oft hohen Abgaben kassieren, die zuweilen, wie etwa im späten 14. Jahrhundert in Augsburg, zu den bedeutendsten Beträgen zählten.«[66]

Schon immer gehörten die Huren, obwohl sie die Wirtschaft ankurbelten und Gewinne für Staat und Kirche abwarfen, zu den gesellschaftlich randständigen Gruppen. Anfang des 20. Jahrhunderts wurde die Prostitution per Gericht einmal mehr als Affront gegen Anstand und Moral verurteilt. Analog wurden Bordelle als Orte der Unzucht verteufelt. Die Prostitution versank in der öffentlichen Wahrnehmung endgültig in einer Halbwelt, das Gewerbe fand fortan nur noch im Verborgenen statt, während die gesamte Gesellschaft nach außen hin tugendhaft auftrat. Der Umgang mit außerehelicher Lust der Männer und der

66 Deschner, aaO., S. 371.

diskriminierenden Last der Frauen wurde immer widersprüchlicher.

Auch waren die Männer nun nicht mehr nur Freier, sondern auch »Gewerbetreibende«, die mit den Körpern der Frauen regelrecht handelten. Profitierten vom erarbeiteten Geld der Frauen im Mittelalter noch der Staat und die Kirche, begann nun die Privatisierung des Wirtschaftszweiges – eine Konsequenz der Industrialisierung im 18. und 19. Jahrhundert: Die Landflucht und die anwachsenden Bewohnerzahlen in den Städten rund um die Fabriken gaben der Prostitution Aufwind. Es ist sehr wahrscheinlich, dass sich die Prostitution zu dieser Zeit europaweit zum Massenphänomen entwickelte. Die mit der Industrialisierung einhergehende Verarmung vieler in den Ballungsräumen lebender Menschen förderte die Armutsprostitution immens. Den Körper für sexuelle Handlungen zu verkaufen, war für viele Frauen die einzige Möglichkeit, sich ein Einkommen zum Überleben zu sichern. Und die Männer machten sich die Not der Frauen durch Zuhälterei zunutze.

Auch heute noch ist die Zuhälterei, in Amtsdeutsch die »Ausbeutung« einer Person, »die der Prostitution nachgeht«[67], strafbar. Mit der Privatisierung der Einnahmen der Prostitution ging nicht nur die Diskriminierung der Frauen weiter, sondern es vollzog sich eine stärkere Kriminalisierung des Geschäfts; Abhängigkeit und Gewalt kamen ins Spiel. Viele der Frauen lebten in Angst vor ihrem »Arbeitgeber«.

Konnten im 19. Jahrhundert Frauen in Einzelfällen noch auf einen gesellschaftlichen Aufstieg zur Konkubine hoffen, unterschied sich die Situation der Prostituierten Anfang des 20. Jahrhunderts eklatant – geächteter und kriminalisierter

67 § 181a StGB.

waren sie wohl nie. Die Konkubine (Beischläferin) war sozusagen die geduldete bezahlte Geliebte eines meist wohlhabenden Ehemannes. Abgeleitet ist dieser Status vom Begriff der höfischen Mätresse, also der Frauen, die sich Fürsten und Könige leisteten und die durch die Gunst der hochgestellten Männer ebenfalls zu Macht und Einfluss kommen konnten. Im Grunde waren sie nichts weiter als Edelprostituierte, die sich über die Zurverfügungstellung ihres Körpers Geld und Ansehen erarbeiteten.

Am Ende des 20. und im heutigen 21. Jahrhundert gibt es zwar den Konkubinenkult im eigentlichen Sinn nicht mehr, aber ein ähnliches Prinzip ist gesellschaftsfähig geworden: Wirtschaftsbosse, Politiker oder Medienstars leisten sich nun gern junge hübsche Mädchen als »Schmuckstück« und überhäufen sie zum Dank für ihre Dienste mit Geld und allerlei Luxusgütern. Der gesellschaftliche oder berufliche Aufstieg des Mädchens ist dann fast vorprogrammiert. Paradebeispiel für dieses Phänomen ist wohl der Frauenverschleiß vom Pop-Titan Dieter Bohlen. Durch die Beziehung zu ihm sind Frauen bekannt geworden und konnten nach dem Ende der Liebes(?)reigen mehr oder weniger gut von den Tantiemen leben. Die eine oder andere dieser Damen räkelt sich sogar Jahre nach ihrer Zeit an Bohlens Seite immer noch im Scheinwerferlicht.

Im Gegensatz zu im Einzelfall geehelichten Konkubinen bleiben die Prostituierten gesellschaftlich bis heute randständig. Sie erfüllen ihren gesellschaftlichen Zweck, ohne wirkliche Anerkennung als Mensch zu erhalten. Daran ändern auch die veränderten Berufsbezeichnungen, wie zum Beispiel »Sexarbeiterinnen«, nichts.

Der wirtschaftliche Aspekt, von dem die Frauen auch heute nur in den wenigsten Fällen profitieren, ist nach wie vor enorm: »In Deutschland suchen pro Tag etwa 1,2 Millionen Männer die Dienste von Prostituierten auf. Der Jahresumsatz im Sexgewerbe, in dem heterosexuelle Prostitution dominiert, beträgt nach Angaben der Gewerkschaft *Verdi* etwa 15 Milliarden Euro jährlich. Die Bundesregierung schätzt die Zahl der Sexarbeiter auf rund 400.000 – circa 90 Prozent davon sind Frauen. Über die Hälfte dieser Frauen sind Migrantinnen, die für eine gewisse Zeit legal in Deutschland leben und dann wieder in ihre Heimat zurückkehren – sie sind quasi Handlungsreisende in Sachen Sex.«[68]

Diese Betitelung als »Handlungsreisende« ist wohl sehr schöngefärbt. Es ist mit hoher Wahrscheinlichkeit davon auszugehen, dass diese Frauen in der Mehrzahl nicht aus Lust am Sexjob dieser Tätigkeit nachgehen, sondern aus reiner wirtschaftlicher Not. So ist es auch nicht verwunderlich, dass im Zusammenhang mit der Prostitution und der heutigen Wirtschaftsglobalität zwei Worte immer mehr in den Vordergrund rücken: Menschenhandel und Zwangsprostitution. »Nach Schätzungen der Vereinten Nationen werden allein in Europa jährlich 500.000 meist osteuropäische Frauen und Mädchen verschleppt und zur Prostitution gezwungen. Der Jahresumsatz, der mit Frauenhandel in der EU jährlich gemacht wird, wird nach Angaben des *Organised Crime Report* von 2004 auf etwa zehn Milliarden Euro geschätzt.«[69]

Wie war das noch mit dem in der Bundesrepublik Deutschland 2002 in Kraft getretenen Prostitutionsgesetz – es sollte den Frauen mehr Rechte geben und die Sexarbeit als normalen Beruf klassifizieren? In der rauen Realität ist das Gegenteil der Fall und jeder, der die Gesetzeswirkung

68 www.planet-wissen.de.

69 Ebd.

in einer vom Geld regierten Welt ansatzweise nachvollziehen kann, hätte sich das ausrechnen können. Deutschland ist seit Erlass dieses Gesetzes zur Geldmaschine für skrupellose Männer geworden. So stellt eine von der Europäischen Kommission in Auftrag gegebene Studie fest, dass die komplette Legalisierung der Prostitution in Deutschland zu einer Zunahme des Menschenhandels geführt hat. Der Chef der Augsburger Kriminalpolizei, Klaus Bayerl, wird in der Fernsehsendung *Panorama* wie folgt zitiert: »Deutschland ist zum Eldorado für Zuhälter und Bordellbetreiber geworden. Laut Gesetz dürfen sie den Frauen sogar Anweisungen erteilen, und wir als Polizei können nur zuschauen. Die Ausbeutung der Frauen geht also immer weiter.«[70] Neueste Marktidee: Flatrate-Bordelle. Hier gibt es gleich mehrere Frauen zum Dumping-Preis. Der Traum vieler Männer: viele Frauen, billig zu haben – *mann* gönnt sich ja sonst nichts.

Grenzen für die Ausbeutung scheint es nur wenige zu geben: In einem Fall in Stuttgart war die Gier nach Geld in den Augen der Richter wohl tatsächlich übertrieben. Das Gericht sah es in dem Verfahren gegen die Betreiber der Flatrate-Angebote als erwiesen an, dass sie über Jahre hinweg junge Frauen aus Rumänien nach Deutschland gebracht hatten, um sie sexuell auszubeuten. Die Frauen mussten nach Überzeugung des Gerichts im *Pussy-Club* in der Nähe von Stuttgart und in Berlin gezwungenermaßen als Prostituierte arbeiten. Die Staatsanwaltschaft warf den Männern vor, sie seien die Köpfe einer Menschhändlerbande.

Bereits im Jahr 2010 wurde eine Chefin von Flatrate-Bordellen zu drei Jahren Haft verurteilt, weil sie den Prostituierten ihren Lohn vorenthalten hatte – was wieder einmal zeigt: Frauen sind keineswegs die besseren Menschen ...

70 www.daserste.ndr.de/panorama, 29.09.2011.

Derartige Beispiele für gesetzliches Eingreifen zum Vorteil der Prostituierten sind rar gesät. Das freizügige Prostituiertengesetz erleichtert das Geschäft, aber die Situation für die Frauen wird eher verschlechtert. Tür und Tor sind geöffnet für Gewalt und Ausbeutung von Frauen. Die neuere politische Diskussion geht dahin, das Gesetz zu ändern. Doch keine Änderung kann die Lösung der Grundproblematik bringen: Solange Frauen und ihr Körper als Ware angesehen werden, bleibt Prostitution unmenschlich. Die Frauen sind und bleiben Opfer, den Männern aber, den Freiern, denen wird schnell verziehen; für ihren unhemmbaren sexuellen Drang finden sie letztlich Verständnis, ist er doch evolutionsbedingt.

Solange die gesellschaftliche Ächtung nicht auch die Männer trifft, die sich Frauen bedienen, die unter Zwang der Prostitution nachgehen, wird sich nichts ändern. Dass wir davon weit entfernt sind, zeigt der Fall Friedman. Der ist noch gar nicht so lang her, aber fast genauso lang wieder vergessen. 2003 gerät Michel Friedman, ehemaliger Vorsitzender des Zentralrats der Juden, in den Fokus der Polizei. Die Berliner Justiz ermittelte gegen einen osteuropäischen Zuhälterring und stolperte über Friedman als prominenten Freier. Mehrere Zwangsprostituierte bestätigten durch ihre Aussagen den Verdacht und machten die Ermittler auch auf Friedmans Hang zu Kokain aufmerksam. Bei einer Durchsuchung seiner Wohnung und seiner Kanzlei wurde tatsächlich Kokain sichergestellt und anschließend ein Strafbefehl erlassen. Friedman gab eine Pressekonferenz, akzeptierte öffentlich den Strafbefehl, entschuldigte sich für sein Verhalten und bat die Öffentlichkeit um eine zweite Chance. Die hat er bekommen und genutzt. Er ist wieder präsent im öffentlichen Leben, an der Seite eine verzeihende Frau, und Vater ist er inzwischen auch. Also: Ein bisschen Reue und schon ist die Reputation wieder reingewaschen; es geht zurück in die anerkannte Männer- und Gesellschaftswelt. Bleibt die Frage, welche Chancen die von ihm benutzten Frauen hatten oder haben. Ich wage zu raten: keine.

Frauen an die Macht

Beflügelt durch die Diskussionen um mehr Frauenrechte im 20. Jahrhundert und insbesondere der neuen Frauenbewegung der 70er-Jahre regte sich bei vielen Frauen die Hoffnung, zukünftig in den die Politik bestimmenden Institutionen wie den Parteien endlich hohe Ämter bekleiden zu können. Der Durchbruch schien nahe; die Kämpfe waren zwar noch nicht vorbei, aber die berühmten Schritte in die richtige politische Richtung waren gegangen. Die Hoffnung war groß, dass nun die Saat endlich aufgehen würde; endlich mehr Gleichberechtigung, wenn auch noch keine Gleichstellung bei den Geschlechtern, schien greifbar. Das Vertrauen auch untereinander war groß, Frauen sollten Politik für Frauen machen, den Forderungen Gehör verschaffen und in reale Politik umsetzen. Insbesondere die neue Partei der 80er-Jahre, die Grünen, trat mit dem Versprechen an, die Interessen der Frauen seien bei ihnen in guten Händen. Heute noch werben die Grünen damit, dass Frauenpolitik bei ihnen zum Grundsatz gehört: »Die Gründung der grünen Partei und die Frauenbewegung sind untrennbar miteinander verbunden. Die gleichberechtigte (nicht die gleichgestellte? d. Verf.) Teilhabe von Frauen und Männern in Politik, Wirtschaft und Gesellschaft ist ein Kernziel grüner Politik.«[71] Viele Frauen, auch aus anderen politischen Lagern und der autonomen Frauenbewegung engagierten sich bei den Grünen.

71 www.gruene.de, Frauenpolitik.

Aus der SPD, in der die Frauen seit 1972 eine eigene Arbeitsgemeinschaft innehaben – die Arbeitsgemeinschaft Sozialdemokratischer Frauen (ASF) –, erblickt 1976/77 ein Papier die Welt mit der Überschrift: *Grundsätze für die Arbeit der Sozialdemokratischen Frauen.* Unter den Zielen steht an erster Stelle Folgendes: »Die SPD erstrebt eine neue und bessere Gesellschaftsordnung: den demokratischen Sozialismus.« Wie es sich für die Grundsätze von sozialdemokratischen Frauen der damaligen Zeit gehört, heißt dieses Bekenntnis auch, dass dem kapitalistischen System der Kampf angesagt wird. Der Verbindung zum Wirtschafts- und Gesellschaftssystem des Kapitalismus und der Situation der Frauen wird in diesen Grundsätzen deutlich Rechnung getragen: »Die Unterdrückung der Frau ist kein Nebenwiderspruch, sondern ergibt sich unmittelbar aus dem Grundwiderspruch unserer Gesellschaftsordnung. Daraus folgt: Das Bemühen um Emanzipation, um ein Leben in Selbstbestimmung, wird nur Erfolg haben, wenn die Emanzipation der Frauen als Teil der gesellschaftlichen Befreiung von Fremdbestimmung gesehen wird.«[72]

Da klang ja Ende der 70er-Jahre des 20. Jahrhunderts noch richtig Kämpferisches durch bei den Sozi-Frauen!

Schöpften die Grünen ihr Engagement für die Frauen aus der außerparlamentarischen Bewegung und waren erst einmal für alles Autonome zuständig (die Zeiten ändern sich), waren die sozialdemokratischen Frauen in ihren Formulierungen noch klarer an der politischen Frauenbewegung vom Anfang des 20. Jahrhunderts und der Arbeiterbewegung orientiert. Das historisch Gewachsene dieser Partei war noch unleugbar vorhanden.

72 Zitiert in: Jutta Menschik, aaO., S. 391f.

Die Frauen in der CDU, organisiert in der Frauen Union, formulieren die Wurzeln ihres Frauenengagements wie folgt: »Die Geschichte der Frauen Union reicht weit zurück. Eingebettet in die Entwicklung der Frauenbewegung in Deutschland finden sich ihre geistigen Wurzeln in der bürgerlich-christlichen Frauenbewegung, die im Zuge der allgemeinen Freiheitsbewegung um 1848 entsteht.« Stolz verkündet die Frauen Union, was die CDU-Frauen alles schon erreicht haben – in der Vergangenheit. So schreiben sie sich unter anderem das 1957 in Kraft getretene Gleichberechtigungsgesetz auf ihre CDU-Frauen-Fahnen und damit die Festschreibung der Frauen als Familienwesen.[73]

Die Parteien – und somit ein großer Teil der institutionellen Politik in einem demokratisch verfassten Staat – reagieren auf die weiblichen Unruhen außerhalb ihrer Reichweite. Inzwischen dürfen Frauen ja auch wählen und politisch mitreden. Das war nicht immer so: Bis 1908 galt im deutschen Vereinsgesetz (Parteiengesetze gab es noch nicht) ein Verbot der Aufnahme von Frauenspersonen in politischen Vereinen und »diese Personen« durften auch an Veranstaltungen nicht teilnehmen, wenn »politische Gegenstände« behandelt wurden (§ 8 Vereinsgesetz). In dieser Hinsicht ist tatsächlich einiges erreicht worden – durch Druck von außen.

In der Bundesrepublik finden sich, je nach Konstellation der Bundesregierungen, verschiedene Gesetzesregelungen, die das gesellschaftliche Leben der Frauen verbessern sollten. In den Jahren 1949 bis 1969 unter den Kanzlerschaften der CDU/CSU wird vor allem die Stellung der Mütter gestärkt. Bürgerlich-christliche Grundsätze schlagen sich

73 www.frauenunion.de: Chronik der Frauen Union der CDU, S. 1.

in Gesetzen nieder. So ergeht 1954 eine Verordnung über den Mutterschutz von Beamtinnen, 1961 wird das Familienrechtsänderungsgesetz eingeführt, wodurch sich für den Vater eine längere Versorgungszuständigkeit für den Familiennachwuchs ergibt. Er wird unterhaltspflichtig bis zum 18. Lebensjahr der Kinder. Auch der wirtschaftlichen Entwicklung wird Rechnung getragen: Ab 1965 wird Frauen unter anderem nun auf Antrag mit Vollendung des 60. Lebensjahres ein Altersruhegeld zugestanden. Selbst die konservativsten Kräfte konnten anscheinend nicht mehr übersehen, dass Frauen zur wirtschaftlichen Kraft der Bundesrepublik beigetragen haben. Ein weiteres Indiz dafür ist das 1968 in Kraft getretene Mutterschutzgesetz: Man hatte die erwerbstätigen Mütter zur Kenntnis genommen.

Die CDU-Frauen sorgen – gegen den Widerstand der CDU-Männer – auch dafür, dass 1961 erstmals eine Frau Bundesministerin wird: Elisabeth Schwarzhaupt wird Gesundheitsministerin – ein Ministerium, mit dem seitdem von allen Parteien gern immer wieder Frauen betraut werden.

Mit der Machtübernahme in Bonn durch die SPD, die sich auf die Tradition der Arbeiterbewegung beruft, und den folgenden Jahren der sozialliberalen Koalition war es nun vornehmlich an der SPD, die Forderungen der Frauen nach Gleichstellung in die bundesrepublikanische Realität umzusetzen. Im Jahr 1972 wird das erste Mal eine Frau Bundestagspräsidentin – Annemarie Renger, eine Sozialdemokratin, natürlich, denn die SPD war stärkste Fraktion im Bundestag. Viele Frauen dürften dies als ein kleines Signal der politischen Bewegung und Öffnung gewertet haben. Aber wie immer gilt die Einschränkung: Eine Frau an der Spitze, egal wo, macht noch keinen Feminismus. Dennoch: Die Bemühungen in den einzelnen Parteien, endlich die Situation der Frauen zu verbessern, waren deutlich spürbar. Im Jahr 1973 stimmen alle im Bundestag vertretenen Parteien dafür, eine Enquetekommission »Frau und Gesellschaft« einzusetzen. Ein zweckdienliches Mittel, um nach außen Interesse an frauenproblematischen Themen zu suggerieren, im politischen Alltagsbetrieb aber wohl eher ein parlamentarisches Instrument, um bestimmte Themen sozusagen »zwischenzulagern«. Sicher war es in den 70er-Jahren des 20. Jahrhunderts vor allem eine Reaktion auf die Proteste der Frauen in der neuen Frauenbewegung. Es gab ja auch noch viel zu tun. Der Auftrag an die Kommission war zeitgemäß, wenngleich vorsichtiger formuliert, als es von autonomen Frauengruppen gefordert wurde. Er lautete: »Entscheidungen vorzubereiten, die zur Verwirklichung der vollen rechtlichen und sozialen Gleichberechtigung der Frau in der Gesellschaft führen sollen.«[74] Ein vorgelegter Zwischenbericht im Jahr 1977 stellte folgende Defizite in der rechtlichen und sozialen Ungleichheit bei Frauen fest: »Besonders sah die Kommission Defizite im Beruf (Entlohnung, Aufstiegschancen und Vereinbarkeit mit Familienaufgaben) und der Bildung (Erziehungsziele, Motivation und Weiterbildung), (…) und im Hinblick auf die politische Repräsentation von Frauen (Mitgliedschaften in Partei und Parlamenten).«[75] Die Zeit der Enquetekommission wurde offiziell in die nächste Legislaturperiode verlängert, da doch noch so viel zu diskutieren und zu analysieren war, und so wurde der Bericht der Kommission dann endlich 1981 in den Bundestag eingebracht und diskutiert. Mehr als vier Stunden soll man/frau im Parlament immerhin darüber gesprochen haben. Für dieses jahrhundertealte fundamentale

74 www.bundestag.de, Archiv, Enquetekommission.

75 Ebd.

Problem der Gesellschaft ja wirklich eine ungeheuer lange Zeit. Natürlich war man sich einig, dass sich etwas ändern müsse: Gesetze sollten geändert werden und auch sonst gebe es viel zu tun. Aber man war auch voll des Lobes für sich selbst, sei doch bereits mit der Existenz dieser Enquetekommission der »außerordentlichen Bedeutung«[76] des Themas (Frauen!) Rechnung getragen worden.

Auch der damalige SPD-Bundeskanzler Helmut Schmidt beteiligte sich an der Debatte und gab schließlich die verbindliche Weisung aus, »das Heil solle nicht allein in der Gesetzgebung gesucht werden, es bedürfe auch der Bemühungen in Beruf, Wirtschaft, Gewerkschaft – und nicht zuletzt der Familien.«[77] Und damit waren die Frauen erst einmal wieder aus der parlamentarischen Diskussion entlassen.

---

76 Ebd.

77 Ebd., S. 2.

Politische Dauerbrenner I – Die Quote

In den Parteien und auch in der Öffentlichkeit ging die Diskussion derweil weiter. Die Grünen beschlossen bei ihrer Gründung 1979 die Teilung der Macht bei der Besetzung von politischen Ämtern. Fünfzig Prozent Frauen, Fünfzig Prozent Männer waren hier der Papiertiger, auf den sich die so fortschrittliche Partei bis heute beruft. Die SPD brauchte länger; erst im Jahr 1988 wurde eine Frauenquote für Ämter und Mandate in der SPD beschlossen – und dann vierzig Prozent. (Mann will ja nicht übertreiben!) So weit, so gut, so fortschrittlich.

Anders die CDU/CSU: Hier ist bis heute noch nicht festgelegt, wie man es mit Frauen in Ämtern und Mandaten halten will. Ärgerlich? Auf den ersten Blick auf jeden Fall. Andererseits ist vielleicht die konservative Seite der Parteienlandschaft einfach ehrlicher als die sich fortschrittlich gebenden Grünen und Roten.

Die so genannte Quotendiskussion hat innerhalb der Parteien wohl nebenbei immer den Zweck verfolgt, die eigenen weiblichen Mitglieder, Genossinnen, Freudinnen mit der möglichen Teilhabe an der männlichen Macht in den Parteien zu beschäftigen. Auch unter den Frauen war das stets ein strittiges Thema, und so konnten sich die Herren der Parteien die Diskussion entspannt aus der Ferne anschauen und Ergebnisse dann zur Kenntnis nehmen oder auch Beschlüsse fassen. Diese Erfahrung werden Frauen in jeder Partei gemacht haben. Frauen bewegen sich in Parteien – wie überall – in absolut patriarchalisch geprägten Institutionen.

Es wäre sicher interessant zu wissen, warum Frau oder Mann die Entscheidung trifft, einer Partei beizutreten – und welcher. Empirische Forschungen über diese Mitgliederentwicklung gibt es nur wenige. Also ist auch nicht umfassend bekannt, was Frauen im Speziellen bewegt, politisches Engagement in einer Partei umzusetzen. Die wenigen Studien, die sich dieser Frage nähern, stellen aber zumindest folgenden grundsätzlichen Motivationsunterschied zwischen Mann und Frau fest: »Zusammengefasst basiert der Parteieintritt von Frauen stärker auf solidarischen Motiven, während Männer überwiegend instrumentell und am zwischenparteilichen Wettbewerb orientiert sind.« Trotzdem sei »die Bereitschaft zur Übernahme eines Amtes (…) bei Männern und Frauen, die bereits Mitglied einer Partei sind, nahezu gleichermaßen vorhanden.«[78] Frauen wollen allerdings wohl eher gefragt und ermuntert werden – eine typische Verhaltensweise von verunsicherten Menschen, die sich erst einmal in gegnerisch eingestellten Gruppen (hier die Parteien) von anderen Personen unterstützt fühlen wollen, bevor sie sich dem Wettkampf aussetzen.

Die aus dieser Unsicherheit resultierende Unterstellung, Frauen wollten gar keine Ämter kleiden (jedenfalls keine höheren), wird von den männlichen Parteimitgliedern natürlich gern angenommen, verringert sie doch die Chancen der Frauen, als Konkurrentin im Kampf um vakante Positionen wahrgenommen zu werden. Insofern überrascht es nicht, dass die Frauen nach einer Quotenregelung verlangen. Aber wie sieht die Realität aus? Unter welchen Bedingungen haben Frauen tatsächlich die Aussicht auf eine erfolgreiche innerparteiliche Kandidatur? Ob mit oder ohne Quote – die besten Chancen bestehen grundsätzlich dann,

78 Frauen in den Parteien; in: Politik und Zeitgeschichte Nr. 50, 2009, S.1.

wenn die Partei oder deren Funktionäre explizit eine Frau für eine bestimmte Position wünschen. Dies ist insbesondere der Fall, wenn öffentliche Erwartungen den Einsatz einer »Alibi-Frau« erfordern oder wenn kein anderer Bewerber zur Verfügung steht, weil die Kandidatur von vorherein als wenig aussichtsreich gilt.[79]

Auffällig an diesen Kriterien ist, dass inhaltliche Auseinandersetzungen hier absolut nebensächlich wirken. Qualitative Überlegenheit einer Frau zieht noch lange nicht automatisch den Vorzug bei der Kandidatenwahl nach sich. Nur wenn die tonangebenden Männer der Auffassung sind, es bestehe keine Gefahr für die zukünftige Männerherrschaft im Parteigefüge, darf die Frau ihre großzügig gewährte Chance nutzen.

Auch die Mindestquote ist folglich kein probates Mittel, um die Männerherrschaft aufzubrechen oder tatsächlich eine Chancenangleichung zu erwirken. Man besetzt einfach die Ämter mit Frauen, die nach dem Volksverständnis ohnehin besser von Frauenhand geführt werden. Dies ändert aber nichts an den generellen Aufstiegschancen von Frauen. Denn erstens gibt es für die wenigen Posten, die den Frauen zugedacht werden, zahlreiche Bewerberinnen und zweitens wird die Vergabe letztlich doch von den einflussreichen Parteistrategen getroffen. Und die wählen wohl wieder die Kandidatin, auf die sie den größtmöglichen Einfluss ausüben können.

Nehmen wir noch einmal die einzelnen Parteien unter die Lupe; speziell jene, die immer lautstark mit ihrem Sinn für die Interessen der Frauen werben. Frauen in höheren Positionen in der Politik sind zweifellos sichtbar, und es sind si-

79 Ebd., S. 2.

cherlich mehr als in den 60er-Jahren des 20. Jahrhunderts. Allerdings ist feststellbar, dass es seit Jahren dieselben weiblichen Gesichter sind, die in verschiedenen Ämtern und Mandaten auftauchen. Insbesondere bei den Grünen, die sich angeblich so stark machen für die Situation der Frauen in Deutschland, sind es immer dieselben Frauen. Bleibt wieder die ernüchternde Feststellung: Einmal in Amt und Würden verhalten sich Frauen auch nicht anders als Männer in hohen Positionen. Nachwuchsförderung geht gegen null, parteipolitische Ziele für Frauen und Solidarität untereinander werden ausgeblendet.

Die SPD ist da ein besonderes Beispiel. Hier ist die Abwendung von den klaren Zielen der Gleichstellung der Frau sogar im Parteiprogramm abzulesen: »Die SPD schlägt in ihrem neuen Grundsatzprogramm von 2007 deutlich moderatere Töne an als in dem vorausgegangenen Programm von 1989. Forderte sie vor 20 Jahren noch ausdrücklich eine Gesellschaft, ›in der nicht mehr eine Hälfte der Menschen dazu erzogen wird, über die andere zu dominieren, die andere dazu, sich unterzuordnen‹ und bezeichnete die ›herrschende Kultur (als) männlich geprägt‹, so beschränkte sie sich 2007 auf die Forderung nach Frauenförderung und Gender-Mainstreaming, welches ›jede politische Entscheidung auf ihre Auswirkungen auf das Leben von Frauen und Männern, Mädchen und Jungen überprüft und wo nötig verändert.‹«[80]

Bei den so fortschrittlichen Grünen wird im Grundsatzprogramm von 2002 ein Kapitel mit der Überschrift *Aufbruch in eine geschlechtergerechte Gesellschaft* formuliert. Bemerkenswert! Im Jahr 2002 wollen die Grünen einen Aufbruch starten. Dennoch wirken die Ambitionen eher

80 Ebd., S. 4.

halbherzig: »Geschlechter*gerechtigkeit*« ist schließlich nicht gleichbedeutend mit »Geschlechter*gleichstellung*«. Aber vielleicht resultiert diese vorsichtigere Zielsetzung schlicht aus einer Desillusionierung infolge der ausgebliebenen Durchschlagskraft der Quotenregelung.

Anschaulich hat dieses Vorgehen bereits die frühere Grünen-Vorstandsprecherin Antje Radcke beschrieben: »Wir wollen die Hälfte der Macht! Keine andere Partei hat die Forderungen der Frauenbewegung so ernst genommen und konsequent umgesetzt wie die Grünen. (...) In allen Gremien sitzen deshalb mindestens so viele Frauen wie Männer, Spitzenämter werden doppelt besetzt, damit in jedem Fall eine Frau daran beteiligt ist. Spitzenfrauen glänzen durch Kompetenz und Fachverstand. Alles bestens also? Doch spätestens seit der Bundestagswahl 1998 mit der Regierungsbeteiligung auf Bundesebene und den in den Koalitionsverhandlungen erreichten drei Ministerämtern erwies sich die Forderung nach der Hälfte der Macht als eine abstrakte Formel. (...) Zwei Männer hatten zwei Posten bereits unter sich aufgeteilt, der dritte Posten sollte selbstverständlich an eine Frau gehen.« Ein ausgewogenes Machtverhältnis wäre das jedoch noch nicht gewesen, aber einen der Männer nachträglich durch eine Frau ersetzen? »Kleine, aber unüberhörbare Drohungen von Joschka Fischer und Jürgen Trittin nach dem Motto ›Wenn der eine nicht, dann der andere auch nicht‹ oder die scheinbar ernst gemeinte Frage ›Wen wollt Ihr denn über die Klinge springen lassen?‹ taten ihre Wirkung. Während die Frauen sich die Köpfe heißredeten, stritten und sich gegenseitig in Schuldzuweisungen übten, brauchten sich die Männer nur zurückzulehnen und zuzuschauen. Es kam, wie es kommen musste. Die Frauenversammlung von Bündnis90/Die Grünen billigte zähneknirschend das ›Zwei-Männer-eine Frau-Paket‹.«[81]

Abgesehen von einigen ziemlich schnell auf den Plan getretenen männlichen Gestalten, die lukrative Posten für ihre Geschlechtsgenossen schwinden sahen und daher nach einer Männerquote riefen, sind die Diskussion und Beschlüsse zur Frauenquote weitestgehend folgenlos geblieben. Der einen oder anderen Frau mag zwar der Sprung in ein Parteiamt wegen der Regelung gelungen sein, aber das allein rechtfertigt keine Dauerdiskussion um die Einführung von Quoten außerhalb der Parteien. Die Generalsekretärin der SPD, Frau Andrea Nahles, fordert vehement die Einführung von Frauenquoten in der Wirtschaft. In einem Interview mit der *Welt am Sonntag* gab sie zu Protokoll, die Entscheidung des DAX-Unternehmens Telekom, zukünftig bis zu 30 Prozent der oberen und mittleren Führungspositionen mit Frauen besetzen zu wollen, sei ein »erfreuliches Beispiel«[82] in der Wirtschaft. Es erschließt sich allerdings nicht rational, warum Unternehmen verkünden müssen, dass sie nun im 21. Jahrhundert Bemühungen anstellen wollen, Frauen in Führungspositionen zu bringen. Wer hat denn die Personalchefs (-chefinnen?) bisher daran gehindert, Frauen zu befördern? An den Qualifikationen kann es nicht gelegen haben, wird der Öffentlichkeit doch seit Jahren, wenn nicht Jahrzehnten verkündet, dass Mädchen bzw. Frauen die besseren Schul- und Studienabschlüsse vorweisen. Auch das Argument, die Frauen würden sich nicht bewerben, kann nicht wirklich ziehen, denn wenn es den Tatsachen entspräche, würde die Quote hier keine Abhilfe schaffen. Man kommt der Angelegenheit wohl näher, wenn man sich die

81 Antje Radcke: Das Ideal und die Macht, 2001, S. 35f.

82 Welt am Sonntag, 07.10.2011.

Aussagen des ehemaligen Deutsche-Bank-Chefs Ackermann in Erinnerung ruft. Herr Ackermann hatte zu den Forderungen nach einer Mindestquote von Frauen in den Vorstandsetagen angemerkt, Frauen brächten mehr Farbe in den Vorstand und machten im Allgemeinen das Leben schöner. Ansonsten gelte für sein Unternehmen jedoch allein die Qualifikation und nicht das Geschlecht. Es gab einige Aufregung über diese Äußerungen – Frauenfeindlichkeit, so der prompte Vorwurf. Die Deutsche Bank ruderte sofort zurück: Die Äußerungen seien ungenau wiedergegeben worden. Die Ablehnung der Frauenquote hätte Herr Ackermann mit den Worten begründet: »Wir haben in der Deutschen Bank Frauen, die eine Quote nicht nötig haben« – so der Pressesprecher des Instituts.

Diese Aufregung, diese *politisch weibliche* Aufregung über Herrn Ackermann zeigt allerdings die Hilflosigkeit der Frauen in ihrer politischen Verantwortung. Die Machthaber der Wirtschaftswelt werden sich nicht per Gesetz in die Personalführung hineinreden lassen. Die Konsequenz: Auch im 21. Jahrhundert werden Frauen sich mehr behaupten müssen als Männer, um beruflich die angemessene Anerkennung zu erhalten. Nur durch herausstechende, überdimensionale Anstrengung wird es der einen oder anderen Frau gelingen, ohne einen männlichen Karrierehelfer die Leiter bis zur Spitze zu erklimmen. Fakt ist: Männer haben einen Hang zu »Homosozialität«. So bezeichnet die Direktorin des Wirtschafts- und Sozialwissenschaftlichen Instituts in der Hans-Böckler-Stiftung, Heide Pfarr, das Phänomen, dass Männer auf der Führungsebene lieber unter sich bleiben. »Männer suchten Männer aus, weil sie sich mit ihnen in Führungszirkeln wohler fühlten, weil ihre Rituale und Verhaltensmuster nicht hinterfragt würden.«[83] Sich die Codes der Kommunikation mit Frauen anzueignen, dazu sind sie scheinbar nicht willig. Oder nicht fähig. Oder zu faul.

Ein Gutes hat die so hochstilisierte Quotendiskussion für die Wirtschaft – zumindest für die Parteien, geraten sie selbst doch ein wenig aus der Schusslinie. So können sie verbergen, dass sich in ihren eigenen Reihen trotz Quote – wie in der SPD – kein ins Auge springender Fortschritt ergeben hat. Gemein ist es natürlich, wenn die Genossinnen aus den eigenen Reihen genau dies öffentlich kritisieren: »Strippenzieherei und Kungelei unter Männern: Das werfen viele Sozialdemokratinnen ihren Genossen vor (...) Die Frauen sehen die von der SPD propagierte Geschlechtergerechtigkeit nicht mehr umgesetzt und sind aus der gleichnamigen Arbeitsgruppe ausgetreten.«[84]

Was grundsätzlich helfen könnte, wären Bündnisse, »Seilschaften, für die Männer so berühmt sind. Es gibt kaum vergleichbare Strukturen unter Frauen – Strukturen, die Rückhalt bieten (auch dann, wenn man sich nicht immer grün ist), die vor allem dazu dienen, sich gegenseitig zu unterstützen und zu befördern.«[85] Sich gegenseitig den Weg bereiten, das müssen Frauen dringend lernen. Auch wenn das nicht sofort das System verändert, kommen wir doch nur so wirklich weiter – und können irgendwann die fundamentalen Strukturen durchbrechen. Bis dahin ist jede Debatte über Quoten lediglich eine Scheindiskussion, die letztlich auch nur einen geringen Anteil der Frauen in Deutschland berührt. Die meisten Frauen kämpfen im-

83 Frankfurter Rundschau, 16.03.2010.

84 Tagesspiegel, 20.10.2011.

85 Antje Radcke, aaO., S. 55.

mer noch um vernünftige Bezahlung und die Vereinbarkeit ihres zum Lebensunterhalt notwendigen Jobs mit der Erziehung der Kinder. Hier, an der Basis, muss die Förderung und Unterstützung der Frau ansetzen! Die Diskussion der Politikfrauen ist da weit von der realen weiblichen Lebenswirklichkeit abgedriftet – aber mit Irrealismus haben die Frauen bisweilen auch noch an anderer Front zu kämpfen …

Männer als Opfer – Die Antifeministen

»In Erziehung und Familie halten sich Frauen schadlos für die ansonsten erfahrene Benachteiligung. Von Ausnahmen und Extremfällen abgesehen genießen sie in diesen Bereichen eine zum Teil überragende Macht, die sie – ebenso wie anderswo die Männer – mit Zähnen und Klauen verteidigen. (...) Statt das Beste daraus zu machen, beschränken sich viele darauf, ihre Position in Familie und Ehe auszubauen oder zu festigen, ihre Kinder zu verkorksen und ihren Männern so nach und nach das Rückgrat zu brechen.«[86]

So wurde das gesehen, anno 1984, als die Forderungen der Frauenbewegung der 70er-Jahre langsam in das politische und damit in das gesellschaftliche Bewusstsein drangen. Die Frauen rächen sich in ihrem Machtbereich. Schon damals wurde also gegen die Entwicklung zurückgefightet. Vielleicht liegt hier der Ursprung der seit 40 Jahren wachsenden Angst der Männer, Frauen – einmal an der Macht – hätten nur noch im Sinn, die um sie herum agierenden Männer zu unterjochen. Größere Macht als die der Familienmanagerin dürften Frauen daher auf keinen Fall bekommen, sonst hätten die armen unterjochten Männer bald auch in Politik und Wirtschaft mit gebrochenem Rückgrat zu kämpfen. Lassen wir die weiblichen Wesen doch lieber in ihrem angestammten Machtbereich verharren und bleiben in unseren seit Jahrhunderten so fleißig verteidigten Domänen unter uns!

Und wenn es dem Mann im Familienverbund zu bunt wird, kann er sich hieraus schön leicht verabschieden: die

86 Heinz Körner: Männertraum(a), 1984, S. 59.

verkorksten Kinder bei der machtbesessenen Frau lassen und sich mit monatlichen Zahlungen aus der Affäre stehlen, um in seinem gesellschaftlichen Machtbereich weiter der unangefochtene Herrscher zu sein. Ist dies vielleicht die wahre Erklärung für die große Differenz zwischen alleinerziehenden Müttern und eben solchen Vätern? Anzunehmen, auch wenn dies in den letzten zwei Jahrzehnten von einer sich formierenden Männerfront zunehmend bestritten wird.

Entgegen jeder Lebenswirklichkeit finden sich neuerdings Männerbünde zusammen, die antreten, die Männer in dieser Gesellschaft zu befreien. Nebenbei setzen sie sich dafür ein, dass die »kleinen Männer«, die Jungen, nicht weiter unter der Knute von feministischen Pädagoginnen in Kindergärten und Schulen falsch erzogen werden. An ihren Töchtern scheinen diese männlichen Wesen allerdings kein großes Interesse zu haben. Sie beklagen lediglich das Schicksal der ach so drangsalierten Jungen.

Der Kampf gegen den weiblichen, nein, feministischen Einfluss auf die Gesellschaft wird durch entsprechende Verlautbarungen, aber auch medial über Bücher, Auftritte im Fernsehen und zu großen Teilen im weltweiten Netz ausgetragen. Diese Männeroffensive beschäftigt die Öffentlichkeit schon eine ganze Weile, und die Wortwahl der Gruppierungen lassen keine Zweifel daran, wohin die Reise gehen soll. Die auffälligsten Gruppen sind etwa der *Väteraufbruch für Kinder*, das *Familiennetzwerk Deutschland*, die offenbar mitgliederstärkste Gruppe *AGENS/Befreiungsbewegung für Männer* und *MANNdat*, eine 2004 als geschlechterpolitische Initiative gegründete Fraktion, die nach feministischen Auswüchsen in Politik und Wissenschaft sucht. Die aggressivsten Aussagen kommen von einer nach eigenen Angaben an Mitgliederzahlen noch sehr schwachen Partei: die *Neue Gruppe gegen Femifaschismus – die Männerpartei.* Auf deren Internet-Seite finden sich Formulierungen wie: »Femifaschismus greift in Europa und der restlichen Welt um sich. (…) Matriarchalische Gesellschaften sind stets primitiv, ohne Fortschritt. Sie leben oft noch auf steinzeitlichem Niveau, Frauen sind gegen den Fortschritt und nicht innovativ. Sie sind technikfeindlich. Männer sind der Motor der Geschichte. (…) Wenn die Menschheit überleben will, dürfen Männer nicht versklavt werden, wie es die Femifaschistinnen fordern.«[87]

Aber auch das *Familiennetzwerk Deutschland,* dessen Untergruppen sich in verschiedenen Bundesländern etabliert haben, macht schriftlich deutlich, welche Geister dort am Werke sind. Dieser Verein gab das so genannte Berliner Manifest heraus; hier ein paar Auszüge: »Eine zukünftige Selbstdefinition von Männern basiert auf eigenem Antrieb und ist Voraussetzung für den gesellschaftlichen Prozess einer Befreiungsbewegung. (…) Aus dem Gleichheitsgrundsatz des Grundgesetzes folgt, dass Gender-Mainstreaming als verdeckte einseitige Frauenförderung demokratisch hinterfragt werden muss. Wenn Frauen weniger als Männer verdienen oder weniger hoch aufsteigen, ist dies größtenteils eine Folge eigenständiger Entscheidungen der betroffenen Frauen und keine Diskriminierung durch Männer.«[88]

Gegenüber diesen Äußerungen ist die Anfang der 1980er-Jahre von Männerseite begonnene kritische Diskussion um

87 Blogbeitrag vom Gründer Hans Sarfeuer, www.meinews.de, 27.05.2011.

88 Thomas Gesterkamp: Geschlechterkampf von rechts, 2010, S. 21.

die Gleichstellung der Frauen in der Gesellschaft geradezu moderat, wenn auch deutlich gegen die Frauen gerichtet. Zur damaligen Zeit wurde immerhin noch grundsätzlich eine gesellschaftlich existierende Benachteiligung attestiert, allerdings verbunden mit einem scheinheiligen Hinweis auf angebliche weibliche unterschwellige Pseudoeinflüsse: »Wenn auch die Frauen in Politik, Wirtschaft und Gesellschaft offensichtlich oder scheinbar ohnmächtig sind, so sind sie doch an der politischen Willensbildung beteiligt, zum Beispiel durch Wahlen in demokratischen Staaten oder durch ihren Einfluss auf Ehemänner und Kinder«[89] – nach dem Motto, die Frauen bräuchten bei ihren Männern nur ihre Trümpfe richtig auszuspielen und bekämen so ihren politischen Willen …

Die Männer beklagten sich zwar über die verkorksten Kinder und die gebrochenen Rückgrate des Gros der armen Ehemänner, aber grundsätzlich wurde die Auseinandersetzung auf der existenten Basis der gesellschaftlichen Unterschiede geführt. Schuld an der eigenen Misere waren jedoch schon damals die Frauen. Die armen Männer setzten sich nach diesen Definitionen einfach nur zur Wehr: »Die Männer revanchieren sich (wegen der Frauenmacht in der Familie, d. Verf.) wiederum dafür, indem sie hin und wieder in unnötiger und sinnloser Aggression ihre Nöte an Frauen und Kindern austoben oder sich in so genannten wichtigen Positionen in Politik, Wirtschaft und Gesellschaft eine Bedeutung und Befriedigung suchen, die sie dort allenfalls am Rande bekommen, aber niemals wirklich finden. Aber sie werden von ihrem eigenen, aus innerer Unsicherheit und Unzufriedenheit genährten Ehrgeiz, von ihren Ängsten und nicht zuletzt von ihren Frauen (!!!)

89 Heinz Körner, aaO., S. 59.

in diese Rollen gedrängt oder darin bestärkt – die Frauen wissen schon warum.«[90]

Gewalt in der Familie, gegen Frau und Kinder, oder die scheinbar alternativ dazu stehende Karriere in Politik oder Wirtschaft als Reaktion auf die Macht der Frauen in der Familie – so schlicht kann Männerlogik sein. Damals wie heute.

»Frauen kränken und reizen Männer mitunter bis aufs Blut«. Dieser Satz des Soziologen Gerhard Amendt ärgerte die Leiterin des Bundesverbandes der Frauenberatungsstellen und Frauennotrufe (bff), Frau Katja Krieger, im Jahr 2009 im besonderen Maße, rechtfertigt der Soziologe – und neuerdings mit dem Titel »Männerrechtler« versehene – Amendt doch mit eben diesen Worten die Forderung nach der Abschaffung von Frauenhäusern. Der Grund: In ihnen werde der Männerhass geschürt.[91] In einem Interview in der *Brigitte* bekräftigt er auf Nachfrage der Journalistin diese These wie folgt: »Genau, denn die Verteufelung der Männer, oft aus Hass und Enttäuschung geboren (welche wohl? d. Verf.), ist der Geburtsmakel des Frauenhausmodells. Ich habe das auch schon mal Verdammungsfeminismus genannt.«[92]

Doch auch mit dem Angriff auf die Frauenhäuser ist das Ende der Fahnenstange von Amendts Ungeheuerlichkeiten noch nicht erreicht. Seine These: Frauen seien gewalttätiger als Männer, mindestens aber ebenso gewaltfähig!

Diesem Ansatz zu widersprechen, sah sich sogar die Evangelische Kirche in Deutschland in der Pflicht und schrieb Herrn Amendt Folgendes in einem offenen Brief:

---

90 Ebd., S. 59f.

91 www.welt.de, 16.06.2009.

92 www.brigitte.de, 20.08.2009.

»Sie kommen in ihrem kritischen Artikel über die Situation der Frauenhäuser in Deutschland zu dem Ergebnis, dass eine öffentliche finanzielle Unterstützung von Frauenhäusern nicht mehr sinnvoll und angemessen sei, da sich hinter der Bewegung der Frauenhäuser eine Form des militanten Feminismus verberge, der die Einrichtungen zu Horten des Männerhasses mache. (...) Nach allen uns bis heute vorliegenden wissenschaftlichen Untersuchungen kommen wir um die Feststellung nicht herum, dass physische Gewalt in Beziehungen überwiegend männlich ist. (...) Es widerspricht nach unserer Einschätzung ethischen wie auch empirischen Erkenntnissen, dass sich die Situation der Opfer von häuslicher Gewalt grundsätzlich geändert hätte.«[93]

Auf die Thesen von Gerhard Amendt stützt sich die antiweibliche und antifeministische Szene bei der Argumentation, dass eigentlich die Männer die Opfer der Frauen seien. Leider erfahren sie nur selten deutliche Widerworte. Hier eine erfreulich kritische Äußerung: »Männerrechtler stilisieren ihr Geschlecht pauschal zum Opfer in nahezu jeder Lebenslage. Ob in der Arbeitswelt, im Bildungswesen, in der Gesundheitspolitik, beim Thema Gewalt oder im Scheidungsrecht. Überall greift nach dieser Lesart ein plattes ›Winner-Loser-Schema‹: Männer seien verunsichert und steckten in der Identitätskrise, weil sie durch Frauenförderung und einen ›übertriebenen Feminismus‹ diskriminiert würden.«[94]

Die »Männerfront« zur Befreiung ihres Geschlechtes ist also auf allen Feldern dabei, die zarten Pflanzen der Gleichberechtigung der Frauen zu zertreten. Dabei ist nun wirklich keine reale, akute Gefahr für die männliche Welt erkennbar, unter die feministischen Räder zu geraten. In das Blickfeld

93 Zitiert in: Thomas Gesterkamp, aaO., S. 22.
94 Ebd., S. 6.

dieser Männergarde geriet von Anfang die Politik des so genannten Gender-Mainstreaming. Ein sperriges Wort, das die Politik für ihre Strategie zur Verwirklichung einer »geschlechtsneutralen Politik« gefunden hat. Denn eine solche ist das erklärte Ziel des Genderns. Laut der Internetseite des Bundesministeriums für Familie, Senioren, Frauen und Jugend basiert die Idee »auf der Erkenntnis, dass es keine geschlechtsneutrale Wirklichkeit gibt und Frauen und Männer in sehr unterschiedlicher Weise von politischen und administrativen Entscheidungen betroffen sein können.«[95] Wie genau diese Erkenntnis politisch genutzt werden soll, bleibt auf der Seite des zuständigen Ministeriums jedoch etwas vage. Hier hilft das Goethe-Institut weiter: »›Gender-Mainstreaming‹ nennt sich der Verwaltungsprozess, der zugleich ein elegantes Instrument der Weltverbesserung sein will: Männer und Frauen sollten im ›Mainstream‹ des politischen Handelns gesondert erfasst und ihre Rollen reflektiert werden. Ziel ist, das Machtgefälle zwischen den Geschlechtern abzubauen. (...) Und auch die deutsche Regierung hat Gender-Mainstreaming 1999 offiziell eingeführt.«[96]

Seit 1999 wird also fleißig gegendert. Es gibt sogar ein Gender-Kompetenzzentrum der Bundesregierung. Die Öffentlichkeit hat davon zwar nicht viel vernommen, aber dieses Kompetenzzentrum hat Anleitungen und Checklisten für alle Ebenen entwickelt, mit deren Hilfe man die Fairness und Rollenfreiheit jeder Regelung prüfen kann. »Gendert« man zum Beispiel die Steuerpolitik, so »müsse man etwa fragen, ob das Ehegattensplitting nicht alte Rollenbilder zementiert.«[97]

95 www.gender-mainstreaming.net.

96 »Heute schon gegendert?« – alte Rollenbilder auf dem Prüfstand; www.goethe.de.

97 Ebd.

Allerdings scheint das »Gendern« sich noch nicht sehr weit herumgesprochen zu haben, denn an dem Ehegattensplitting wird ja wohl nicht gerührt. Doch natürlich hat das Kompetenzteam auch geradezu revolutionäre Erfolge zu vermelden wie Marion Böker, die als Gender-Expertin Verwaltungen beim richtigen »Gendern« berät, zu berichten weiß: »In Berlin etwa haben die Bezirke mit dem Gendern ganz klein angefangen: In einer Bibliothek meinten die Angestellten, Männern könnte es gut tun, auch mal etwas über ihre Seele zu erfahren. Sie platzierten die Psycho-Ratgeber in der Technik-Ecke, und prompt liehen Männer sie aus.«[98] Wahnsinn! Welch ein bahnbrechender Fortschritt. Nun kann man nur hoffen, dass durch dieses Gendering in Bibliotheken nicht plötzlich viele Männer in die Esoterik-Fallen tappen, weil sie sich endlich mit ihrer Seele beschäftigen. Obwohl es aus der Perspektive der Gendering-Freunde wohl ebenfalls als Sieg gewertet würde, wenn demnächst die Männer nicht mehr hauptsächlich als Gurus oder Leiter esoterischer Gruppen auftauchen, sondern vermehrt auch die Hotlines bei Astro-TV blockieren.

Statt Frauenpolitik wird nun Geschlechterpolitik betrieben – lehnen wir uns also zurück und warten, wann diese neue Strömung tatsächlich fruchtet. Erkennbar ist jedenfalls seit 1999 nichts Nennenswertes – abgesehen von den Berliner Bibliotheken natürlich; Ehre, wem Ehre gebührt. So kommt die Frauenforscherin Dr. Barbara Stiegler in ihren Studien zu dem vernichtenden Pauschalurteil: »Frauen- und Geschlechterpolitik hat in den letzten Jahren in Deutschland keine umfassenden Erfolge mehr er-

94 Ebd.

zielen können.«[99] Oder im Detail zum Beispiel: »Ein (...) Grund für die geschlechtsspezifischen Lohnunterschiede liegt darin, dass Frauen sehr viel häufiger als Männer unter ihrem Qualifikationsniveau eingesetzt werden. Offenbar spielt hier das Ernährermodell eine Rolle, das suggeriert, dass es Frauen eher zumutbar ist, unter ihrer Qualifikation zu arbeiten. Darüber hinaus zeigen Untersuchungen, dass der berufliche Wiedereinstieg nach einer Arbeitszeit in der Pflege und Betreuung für Kinder oft nur durch Kompromisse im Hinblick auf einen qualifikationsgerechten Einsatz gelingt.«[100] Einschneidende Änderungen durch Gender-Mainstreaming? Fehlanzeige!

Es bleibt abzuwarten, wann aus dem Bundesministerium für Familie, Senioren, Frauen und Jugend ein Ministerium für Geschlechtsneutrale Anliegen wird. Und ob dieses Ministerium tatsächlich auch ein Umdenken bei der Kindererziehung und medialer Beeinflussung bewirken kann, ist mehr als fraglich. Denn schon in jungen Jahren werden Heranwachsende durch die Eltern sowie ein entsprechendes TV-Programm in ihrer Wahrnehmung rollenspezifischer Merkmale geprägt: Jungen sind stark, Mädchen sind schwach – so die Suggestion. Wie sollen sie es in ihrem Erwachsenenleben also besser wissen?

Im Jahr 2009 werden die Forschungsergebnisse zu *Gender in children-tv* des Internationalen Zentralinstitutes für das Jugend- und Bildungsfernsehen (IZI) vorgestellt. Untersucht wurde, welche Bilder vom Kinderfernsehen angeboten werden und wie Mädchen und Jungen, die Konsumenten, damit umgehen. Das Ergebnis war wenig geschlechtsneutral: »In

99 Dr. Barbara Stiegler: Expertisen zu Frauenforschung, Antidiskriminierung – Erschöpfung in der Geschlechterpolitik, 2005.

100 Ebd.

der weltweit größten Medienanalyse zum Kinderfernsehen wurden rund 26.500 Hauptfiguren aus dem alltäglichen fiktionalen Kinderfernsehen in 24 Ländern unter die Lupe genommen. Das Ergebnis: 68 Prozent aller Hauptfiguren sind männlich, und nur 32 Prozent sind Mädchen- oder Frauenfiguren. Im für das Kino produzierten Kinder- und Familienfilm ist das Verhältnis sogar noch schlechter, hier sind nur 28 Prozent aller sprechenden Charaktere weiblich. (…) Viele Mädchen- und Frauenfiguren verharren in althergebrachten Klischees vom zuarbeitenden Weibchen, dem konsumverhafteten Luxusgeschöpf oder der schönen Prinzessin, die auf ihre Errettung wartet. (…) Reflexionsbedarf besteht aber nicht nur bei den Mädchen- und Frauenfiguren, sondern auch bei den männlichen Figuren. Hier dominieren Klischees von machohaften Siegertypen oder lustigen Losern, die sich daneben benehmen und dennoch am Ende die bewunderten Helden sind.«[101]

Festzuhalten ist auch hier: Zehn Jahre nach der Einführung des Gender-Mainstreaming wird den Kindern in Fernsehen und Kino das Gleiche geboten, was sie schon in den 50er-Jahren sehen konnten. Emanzipierte Mädchenfiguren, die unabhängig ihr Leben in die Hand nehmen, sind rar. Einmal mehr Grund, Astrid Lindgren für ihre wunderbare, starke Pippi Langstrumpf zu danken, die vielen Mädchen seit Generationen verdeutlicht, dass sie ihr Leben selbst in die Hand nehmen und ohne männlichen Beschützer meistern können.

So überschaubare Ergebnisse trotz des ganzen Geredes über Gender – da stellt sich die Frage, warum die Män-

101 Sexualisierte Mädchen und machohafte Siegertypen – Geschlechterbilder im Kinderfernsehen, www.goethe.de.

nerfront überhaupt so beunruhigt ist. Das Wort »Gender-Mainstreaming« assoziieren die Vertreter der Männerbefreiung gleich mit feministischen Kampftruppen, die das traditionelle Familienkonstrukt als Keimzelle der Gesellschaft zerstören; der Mann wird als hilfloses, ausgeschlachtetes Opferlamm dargestellt.

Nun könnte man dies alles getrost ignorieren, würde sich nicht schon seit einigen Jahren eine Fraktion formieren, deren Ruf nach einer männlichen Befreiungsbewegung sich in die großen Medien geschlichen hat. Bereits im Jahr 2006 beschreibt die Schriftstellerin Karen Duve ihre Entrüstung darüber, dass diese feministischen Heulbojen über die Feuilletons großer Zeitungen Gehör finden. Ihr und damit den Frauen sei hierdurch ein Freund verloren gegangen, ein Freund, »den Ungerechtigkeit, Ignoranz und Rückständigkeit genauso empörten wie mich. Ich meine den Kulturteil der großen liberalen Tages- und Wochenzeitungen und Zeitschriften, den Hort der Anständigkeit, geschrieben von guten, klugen und sensiblen Menschen. Das Feuilleton – der beste Freund der Feministin. Diese Freundschaft gibt es nicht mehr. (...) Frauen erfolgreich in mächtigen Positionen, das ist kein Grund, die Korken knallen zu lassen, sondern ein Indiz für den Zerfall einer Gesellschaft, befand Frank Schirrmacher, Mitherausgeber der *FAZ*, vor drei Jahren und widmet sich seitdem der Wiederentdeckung traditioneller Werte, wie zum Beispiel großen Kindersegens, der es zufällig traditionell an sich hat, einer weiblichen Karriere im Wege zu stehen. (...) Wenn Matthias Matussek, der ehemalige [2005-2008] Kulturchef des *Spiegel* (...) über das moderne Theater klagt, ›dass sich immer die Falsche auszieht. Immer die, bei der man murmelt: Bitte nicht die, bitte die andere.‹ (...) So redet man über Leute, die man als weit unter sich stehend empfindet, die man auf ihre Plätze verweisen will oder für blöd hält.«[102]

Die Männerrechtler hatten schon im ersten Jahrzehnt des neuen Jahrhunderts mit ihren angeblichen Leidensgeschichten des unterdrückten Mannes einiges erreicht. Und sie erhielten Unterstützung – was zu erwarten war. Die rechten evangelikalen Lager der Christenheit sprangen bereitwillig mit auf den Zug. So proklamiert *Die Evangelische Allianz* in Deutschland im Jahr 2008 auf ihrer Jahrestagung die Unsinnigkeit von Gender-Mainstreaming: »Vertreter der Gender-Bewegung wollten die soziale Geschlechterrolle von Mann und Frau von allen biologisch-leiblichen Gegebenheiten abkoppeln. Dabei leugneten sie alle wesenhaften Unterschiede zwischen Mann und Frau.«[103] Die Existenz dieser Unterschiede bestätigte ausgerechnet eine Frau – ja, die Männer können sich auf die Unterstützung mancher Nicht-Geschlechtsgenossin stets verlassen. So kritisierte die Hauptrednerin Frau Christl Vonholdt vehement die Forderung der »Gender-Bewegung« – wo auch immer die sich »bewegt« –, dass Männer verpflichtet werden sollen, sich zu 50 Prozent an der Erziehung der Kinder zu beteiligen. Solch eine »Quotengleichheit« entspreche schlicht nicht den Begabungen der meisten Frauen und Männer.[104]

Verwundern kann diese Ansage nicht, denn nach Auffassung der evangelikalen Front sollen Frauen und Männer nach der »vorgegebenen Natur« handeln. Und da es nun einmal von der Natur bestimmt ist, dass die Frauen die Kinder gebären, sind sie auch automatisch für die Aufzucht zuständig.

102 Die Zeit, 23.08.2006.
103 Scharfe Kritik an »Gender-Mainstreaming«, www.ead.de, 09.08.2008.
104 Ebd.

So verbünden sich Antifeministen und Familienfundamentalisten in Eintracht gegen eine Politik, die weit entfernt davon ist, Männern irgendetwas zu nehmen, geschweige denn die gesellschaftlichen Ungleichgewichte, mit denen die Frauen täglich kämpfen, endlich zu beseitigen. In einem hat das für Gender-Politik zuständige Familienministerium allerdings Recht, und zwar mit der Aussage, dass Männer und Frauen von politischen Entscheidungen unterschiedlich betroffen sind. In den wesentlichen Bereichen der Gesellschaft sind die Frauen immer noch benachteiligt. An diesem Fakt konnte auch der Versuch des »Genderns« bisher nichts ändern. Neu ist allenfalls – und auf diese Neuerung würden die Frauen wohl liebend gern verzichten –, dass sich die Politik europaweit auf den Genderformulierungen ausruht und aus der aktiven Phase der Herbeiführung einer Gleichstellung verabschiedet hat. Es ist also einmal mehr Zeit aufzustehen, liebe Frauen. Erhebt euch!

Politische Dauerbrenner II – Gleicher Lohn für gleiche Arbeit

In der Bundesrepublik Deutschland finden sich inzwischen feste Tage, die den Frauen gewidmet sind. Zu dem immer noch nicht richtig wahrgenommenen Internationalen Frauentag am 8. März gesellen sich inzwischen der Girls' Day (ergänzt durch den Boys' Day – Gleichberechtigung muss schließlich in beide Richtungen gelten) und der Equal Pay Day. Es scheint ja nötig zu sein. Am Girls' Day – warum der nicht einfach Mädchen-Tag heißt, erschließt sich nicht wirklich – sollen Mädchen an so genannte Männerberufe herangeführt werden. Der Gleichbezahlungstag (Equal Pay Day) ist der Tag, an dem bedauert wird, dass Frauen immer noch nicht den gleichen Lohn erhalten wie die Männer. Derselbe Job, dieselbe Ausbildung und weniger Geld für die Frauen – so sieht er aus, der Fortschritt des 21. Jahrhunderts. Es ist wohl an der Zeit, dass man den Verantwortlichen Folgendes noch einmal erklärt: Regelmäßige Diskussionen über diesen Missstand oder öffentliche Bekundungen der tiefen Betroffenheit sind kein Fortschritt! Und Gedächtnistage mit netten englischen Namen ändern rein gar nichts an der Situation. Sie sollen vielleicht ein Signal sein, dass an dem Problem gearbeitet wird, aber viel sinnvoller wäre es, die Energie und das Geld, das für die »Feierlichkeiten« verpulvert wird, in die tatsächliche Abänderung der Gegebenheiten zu stecken. Aber eine solche Pragmatik ist wahrscheinlich zu viel verlangt, und so ist offenbar auch 2012 nur wieder ein Jahr des Redens.

Kein Wunder also, dass sich inzwischen auch international herumgesprochen hat, dass in der Bundesrepublik Deutschland die Frauen beim Lohngefälle nicht gerade gut dastehen. Die Organisation für wirtschaftliche Zusammenarbeit und Entwicklung (OECD) attestiert Deutschland in einer aktuellen Studie, dass »das Lohngefälle zwischen Männern und Frauen auch im Jahr 2012 in keinem anderen europäischen Land so groß ist wie in Deutschland: 21,6 Prozent verdienen Frauen, die Vollzeit arbeiten, demnach im Schnitt weniger als ihre männlichen Kollegen. (...) Das statistische Bundesamt beziffert den Gehaltsunterschied zwischen Männern und Frauen sogar wie in den Vorjahren mit 23 Prozent.«[105]

Hier einige Beispiele vom Wirtschafts- und Sozialwissenschaftlichen Institut der Hans-Böckler-Stiftung:[106]

»Eine Chemikerin verdient monatlich im Durchschnitt rund 3.980 Euro brutto und liegt damit rund 850 Euro (!) unter dem Verdienst ihrer männlichen Kollegen.

Ein Industriekaufmann erhält monatlich im Schnitt 3.155 Euro und damit rund 430 Euro mehr als die Industriekauffrauen mit 2.723 Euro.

Bei den Einzelhandelskaufleuten beträgt der Unterschied zwischen den Frauen mit monatlich 1.997 Euro und den Männern mit rund 2.246 Euro rund 249 Euro.

Auch bei den Webdesignern liegen die Frauenverdienste mit 2.652 Euro deutlich unter denen der Männer mit 3.228 Euro.«

Und so weiter und so fort.
Im Jahr 2011 hat der *Spiegel* einige Daten zu dem Problem

105 Der Freitag, 23.03.2012.

106 www.boeckler.de, Pressemitteilung vom 06.09.2006.

erhoben: »In einer Umfrage wurden 10.000 Erwerbstätige gefragt, welchen Betrag sie für ihre Arbeit angemessen fänden. Auch hierbei nannten die Frauen geringere Summen. Damit nicht genug: Befragte, die ein gerechtes Gehalt für einen 55-jährigen Arzt mit überdurchschnittlichem Engagement nennen sollten, kamen auf 7.750 Euro – sollten sie das Gehalt für eine Ärztin mit den gleichen Eigenschaften angeben, empfanden sie nur 7.300 Euro als gerecht.«[107] Halten wir hier kurz ein: Ein Außenstehender soll ein angemessenes Gehalt für ein und denselben Beruf festlegen und kommt bei Mann und Frau zu unterschiedlichen Ergebnissen?! Was zeigt uns das? HIER müssen wir ansetzen. Umdenken – so muss unsere Devise lauten! Gleichberechtigung beginnt in unseren Köpfen.

Und im Idealfall auch schon im Vorstellungsgespräch. Um Frauen hier – und generell in beruflichen Belangen – in eine bessere Position zu bringen, hat man sich etwas Cleveres ausgedacht: die Einführung von Frauenbeauftragten. Abgesehen davon, dass in vielen Fällen diese Frauenbeauftragten inzwischen Gleichstellungsbeauftragte heißen, ist ihr Einfluss wohl recht gering, wenn heute wieder nach Quoten gerufen wird. Auch diese Maßnahme im Kampf der Frauen für Gleichstellung ist ein Papiertiger. Eher selten wird in der Öffentlichkeit die Arbeit der Gleichstellungsbeauftragten beleuchtet. Wenn dies aber geschieht, kommt eher Trübes zum Vorschein: »Sie ist live dabei gewesen – sagen aber durfte sie nichts. Wenn Marion West wieder einmal als Gleichstellungsbeauftragte (!!!) in einem Bewerbungsgespräch dabeisaß, sollte sie zuschauen, das war ihre Aufgabe. Aufpassen, dass keine falschen Fragen gestellt werden, nach einer möglichen Schwangerschaft etwa. Sie schaute auch zu,

107 www.spiegel-online.de, 28.02.2011.

wenn einer jungen Bewerberin völlig selbstverständlich ein geringeres Gehalt angeboten wurde, als es für männliche Bewerber üblich war.«[108] Na, da war die Einführung dieser Position ja sehr effizient!

Aber auch auf anderer Ebene wäre mehr Aktionismus wünschenswert: Wo sind die Verhandlungen der Gewerkschaften, wenn es um die tarifvertragliche Fixierung gleicher Entlohnung geht? Und wo bleibt die Formulierung von Sanktionsmöglichkeiten (Schadensersatz) gegen die Arbeitgeber bei Nichteinhaltung dieser Vorgaben? Wo ist der Aufstand in den Parlamenten mit einer Gesetzesinitiative, die auch strafrechtliche Konsequenzen für die Arbeitgeber androht, wenn die Bezahlung differiert? Die gern von der Politik, vor allem von der konservativen Seite, immer wieder beschworene Selbstverpflichtung von Arbeitgebern, die Ungleichheit zwischen Männern und Frauen – ob bei Besetzung von Führungspositionen oder Gleichbehandlung bei der Bezahlung – abzubauen, erinnert an ein altes Sprichwort: Vertrauen ist gut – Kontrolle ist NOTWENDIG.

108 Ebd.

Jede Mutter hat Anspruch auf den Schutz und die Fürsorge der Gemeinschaft (Art. 6, Abs. 4 GG)

Im Rahmen des Girls' Day wurde 2007 aus Baden-Württemberg berichtet: »Den häufigsten Frauenberuf stellten 2006 mit knapp 20 Prozent die Büroberufe dar. Die zweitgrößte Gruppe bildeten die Gesundheitsberufe (annähernd 11 Prozent). Auf Rang 3 und 4 lagen bei den häufigsten Frauenberufen das Verkaufspersonal (7 Prozent) und soziale Berufe wie zum Beispiel Altenpflegerinnen, Erzieherinnen und Sozialarbeiterinnen (knapp 7 Prozent). Mit annähernd 6 Prozent folgen die Reinigungs- und Entsorgungsberufe bei den Frauen an fünfter Stelle.«[109] Bei der Bewertung, warum Frauen immer wieder in dieselben Berufsfallen tappen bzw. warum sie für dieselbe Arbeit weniger Lohn erhalten als die Männer, werden stets dieselben Argumente vorgetragen: Die Frauen seien an dieser Situation selbst schuld, weil sie bei gleicher hochwertiger Ausbildung eine geringere Bezahlung akzeptieren. Außerdem wählen sie soziale und gesundheitliche Lehrberufe, die zwar traditionell in der Wertschätzung der Gesellschaft hoch stehen, aber nicht lukrativ sind für das eigene Bankkonto. Frauen unterbrechen ihre berufliche Laufbahn für die Kindererziehung nach wie vor eher als Männer. Aus demselben Grund entscheiden sie sich häufig für Teilzeitarbeit.

Mutter sein – ist das ein Vor- oder Nachteil, wenn man zusätzlich eine berufliche Karriere anstrebt? Die Mütter genießen laut Grundgesetz einen besonderen Schutz. Die Frau als Mutter ist also mehr wert als andere Frauen. Mit welcher

109 www. bildungsklick.de – Girls' Day 2007.

Begründung? Weil das Grundgesetz auf der Grundlage von christlichen Werten entstanden ist? Zumindest würde dies vieles erklären: Familienpolitik und damit die Stellung der Frau als Mutter – möglichst *nur* als Mutter – ist ideologisch bestimmt. Mütter – fruchtbar und sich mehrend – erfüllen aus christlicher Sicht wohl ihre wahre Bestimmung.

Die Bewertung des Frauseins durchzieht die gesellschaftliche Diskussion seit ewigen Zeiten. Leider gibt es seit dem letzten Jahrhundert keine bahnbrechenden Erkenntnisse: »Dabei handelt es sich um zwei Teilfragen; erstens: um den tatsächlichen *Inhalt* des neuen, dualistisch gespaltenen Frauenlebens und die Auseinandersetzung seiner beiden Bestandteile, Familienberuf und Erwerbsberuf, miteinander, und zweitens: um die Frage der *Stellung* der Frau innerhalb der Familie, die Frage, ob und in welcher Form der Umbildungsprozess der Familie, in der er den Typus der Frau veränderte und ihre Kulturleistungen zum Teil auf ein anderes Feld hinüberschob, auch ihre ethischen und rechtlichen Ansprüche innerhalb der Familie, ihre Beziehungen zum Mann und zu ihren Kindern berührte.«[110]

Helene Lange, Verfasserin dieser Worte, lebte von 1840 bis 1930. Einige Jahrzehnte später, im Jahr 1987, werden ihre Gedanken quasi weitergeführt: »Die Forderung geht eindeutig dahin, Maßnahmen zur Vereinbarkeit von Beruf und Familie zu ergreifen und nicht nur davon zu reden. Und schließlich müsste man, wie der Verfassungsgerichtspräsident es fordert, endlich die Komplexität des Problems ›Politik für die Familie‹ anerkennen. Da ist es wirklich nicht damit getan, für das erste Lebensjahr eines Kindes ›Staatsknete rauszurücken‹ und dies auch nur an Frauen, die während

110 Helene Lange: Die Stellung der Frauenbewegung zu Ehe und Familie, in: Jutta Menschik, aaO.

dieser Zeit nicht erwerbstätig sind; denn jeder denkende Mensch weiß, dass Kinder auch über das erste Lebensjahr hinaus Kosten verursachen, Beaufsichtigung brauchen und elterliche Zuwendung nötig haben. In dieser Hinsicht greifen alle jetzt (in den Achtzigerjahren des 20. Jh., d. Verf.) in der Diskussion befindlichen familienpolitischen Maßnahmen zu kurz, weil sie immer nur am Geld ansetzen. (…) Zunächst einmal müsste die Familienpolitik die gesellschaftliche Situation der Familien ideologiefrei zur Kenntnis nehmen, d. h. die Herren Politiker sollten offen wahrnehmen, wie sich die Gesellschaft im Laufe der letzten 20 Jahre verändert hat.«[111] Sowohl die moderneren Ausführungen von Anke Martiny als auch die von Helene Lange könnten heute ohne Weiteres in jeder familienpolitischen Diskussion auftauchen. Ergänzend wäre anzumerken, dass inzwischen nicht mehr nur die Herren Politiker, sondern auch die Frauen Politikerinnen wahrnehmen sollten, dass Familien- und analog Frauenpolitik immer noch in den gleichen Pfaden verläuft.

Neuerdings fällt die bundesdeutsche Situation für Frauen hier wieder stark in die Vergangenheit zurück, wie die aktuelle Diskussion um das Betreuungsgeld zeigt. Für Kinder, die keinen Kindergartenplatz besuchen, zahlt der Staat den Eltern eine Prämie. Die Formulierung »Eltern« ist dabei dem Zeitgeist angemessen, da die Männer in ihrer Eigenschaft als Väter mitgenannt werden. Zweifellos trifft die Regelung jedoch in der großen Mehrheit doch eher die Frauen; diese werden mit einer Prämie gelockt, schön ordentlich zu Hause ihre Kinder zu erziehen. Der in den Medien grassierende Begriff der »Herdprämie« ist für dieses politische Angebot sehr treffend.

111 Anke Martiny, zitiert in: Dorothea Frandsen (Hrsg.): Frauen in Wissenschaft und Politik, 1987, S. 247.

Der Streit – nicht nur bei den sich feministisch nennenden Frauen – darüber, ob eine Frau sich entscheiden muss, lieber Kinder zu bekommen oder eine berufliche Karriere zu starten, durchzieht ebenso konstant die politische Debatte wie der Mythos, die Bestimmung jeder Frau sei eigentlich das Muttersein.

Es kann keine Lösung geben, solange das Konzept der berufstätigen Frau tendenziell mindestens weniger wertgeschätzt, wenn nicht sogar gänzlich abgelehnt – bei Müttern ist schnell das Wort Rabenmutter im Gespräch – und das traditionelle Konstrukt der Familie – der Vater als Berufstätiger, die Mutter als Erzieherin der Kinder – idealisiert wird. Schon in der Familie, unserer gesellschaftlichen Kernzelle, muss eine Veränderung stattfinden.

Die Frauen und ein Teil der feministischen Bewegung sind sicher nicht unschuldig an diesem eingefrorenen System. So hat Deutschlands Dauerfeministin Alice Schwarzer, der die Äußerung zugeschrieben wird, Kinder seien die »schwersten Ketten« der Frauen, damit logischerweise die Mütter nicht gerade für sich einnehmen können. Wenig hilfreich dürften auch die Veröffentlichungen einer Leona Siebenschön gewesen sein, die als *Emma*-Autorin 1979 ein Plädoyer zur Abschaffung der Väter niederschrieb, das darin gipfelte, dass nur ein toter Vater Rücksicht in höchster Vollendung sei.[112] In den 80er-Jahren trafen zwei Fronten aufeinander: Einige Feministinnen drängten zur völligen Entsagung des Mutterseins, während andere Frauen, insbesondere Aktivistinnen bei den Grünen, darauf pochten, Muttersein müsse nicht im Widerspruch zu beruflichem Erfolg stehen. Sie kritisierten – und zumindest das völlig zu Recht –, die Erziehung von Kin-

112 Zitiert in: Der Spiegel 12/1989.

dern werde in der Gesellschaft viel zu wenig respektiert und die Leistung, die hauptsächlich durch die Frauen erbracht werde, verdiene größere Anerkennung. Ihrer Auffassung nach war jedoch die Mutterschaft auch weiterhin die klare Bestimmung der Frau. Ob dies daran gelegen hat, dass eine Pastorin und damalige prominente Grünenpolitikerin, Antje Vollmer, die Anträge auf dem Parteitag mitunterzeichnete? Jedenfalls kam prompt der Gegenwind von anderen Frauen, die den konservativen Mutterwind in der vorgeblich doch so feministischen Front in der grünen Partei fürchteten und missbilligten.

Dies zeigt: Frauen – ob Mütter oder nicht – waren und sind bis heute offiziell ideologischer Spielball der Parteien und weit entfernt von Selbstbestimmung in ihrer Lebensgestaltung. Es ist wohl an der Zeit, einmal an die vier ursprünglichen Forderungen der Frauenbewegung zu erinnern: »gleicher Lohn, gleiche Bildungs- und Berufschancen, kostenlose Verhütungsmittel, Freigabe der Abtreibung und kostenlose 24-Stunden-Kinderbetreuungsstätten.«[113] In diesen Forderungen steckte viel Potenzial für ein selbstbestimmtes Leben, mit Kindern oder ohne Kinder. Aber hinter welche dieser Forderungen können wir heute, fast ein Vierteljahrhundert später, tatsächlich ein Häkchen setzen? *Diese* Quote ist wirklich bedauerlich!

113 Lynne Segal: Ist die Zukunft weiblich?, 1989, S. 83.

Die Ursula-von-der-Leyen-Falle

»Ich verstehe, dass ich anderen Müttern unheimlich bin.«[114] Ein Satz aus dem Mund der ehemaligen Frauen-/Familien- und heutigen Arbeitsministerin, Ursula von der Leyen. Eigentlich hätte der Satz lauten müssen: Ich kann verstehen, dass ich anderen *Frauen* unheimlich bin. Denn sie *muss* allen Frauen nicht nur unheimlich sein. Sie ist in der Bundesrepublik die Superfrau, die allen anderen als Beispiel vorgehalten werden kann, was Frauen doch in dieser Gesellschaft alles erreichen können. Wenn sie es kann, warum dann nicht auch die Inge oder Ida von nebenan? Die Ursula hat beruflich eine beispiellose Karriere hingelegt, hat obendrein sieben Kinder und nach allem, was man hört, auch einen Mann dazu – hat irgendjemand den Herrn schon einmal zu Gesicht bekommen? Und als sei das nicht schon genug, so wird in ihrem Haus auch noch der an Demenz erkrankte Vater gepflegt. Also bitte, Frauen dieser Republik, nehmt euch einmal ein Beispiel, denn es geht! Frau muss nur wollen – Ursula von der Leyen lebt es vor. Also Schluss mit dem Gejammer!

In einem Interview im *Focus*, aus dem das obige Zitat stammt, gibt die Bundesursula dann noch Ratschläge zur Kindererziehung und schildert, dass auch sie schwere Zeiten hinter sich hat mit Bettelei um eine Halbtagsstelle im Krankenhaus (sie hat Medizin studiert). Außerdem hat sie ebenfalls für Mann und Kinder ihre Berufslaufbahn unterbrochen. Sie, so vermittelt das Interview, kenne alle diese

114 www.focus.de, 20.10.2009.

Probleme der berufstätigen Mutter, ist aber nun Ministerin, trotz aller Schwierigkeiten. Wenn das kein Vorbild für andere Frauen ist.

Allerdings neigt Frau von der Leyen anscheinend dazu, ein paar relevante Details zu verschweigen – oder geht sie davon aus, dass sowieso jeder über ihre Biografie Bescheid weiß? Fakt ist: Sie ist die Tochter des ehemaligen Ministerpräsidenten von Niedersachsen, Ernst Albrecht. Ihr Mann – es gibt ihn wirklich – ist Medizinprofessor und Unternehmer. Auch ihr Vater entstammt einer Arzt- und Unternehmerfamilie. Bedeutet im Klartext: Die Albrechts und somit auch die Bundesursula kommen aus großbürgerlichen Verhältnissen und kennen sicherlich keine Geldnot, um für ihre Kinder Schulranzen zu beschaffen. Sie erklärt, ihr Mann helfe partnerschaftlich bei der Erziehung. Also auch hier volle Unterstützung für die Ursula. Zusätzlich bekommt sie Hilfe durch eine Tagesmutter. Wahrscheinlich wird ihr Haus auch fremdgeputzt und die Gartenarbeit durch bezahlte Arbeitskräfte (hoffentlich wenigstens gut entlohnt) erledigt. Ebenso ist wohl davon auszugehen, dass sich die Familie Albrecht/von der Leyen für den pflegebedürftigen Vater entsprechendes Personal leisten kann und das Haus groß genug ist, um dem Vater einen gemütlichen Pflegebereich einzurichten …

Natürlich freut sich jede Frau, wenn sie hört, dass eine andere Frau so viel Glück und Geld hat, um ihr Leben perfekt zu regeln. Mit der Lebenswirklichkeit der Durchschnittsfrau in Deutschland hat dies alles aber herzlich wenig zu tun. Frauen, die Frau von der Leyen im politischen Alltagsgeschäft zur Vorbereitung der großen Karriere erlebt haben, können da nur resigniert feststellen: »Alles läuft über Geld und Beziehungen. (…) Hätte sie nicht diese reiche Familie und das viele Personal, sie würde ganz anders reden.«[115] Bei den Rahmenbedingungen und dem Vitamin B durch den Vater können die Leiden der Ursula von der Leyen beim Erklimmen der politischen Karriereleiter nicht so arg gewesen sein. Und sie wusste sich zu vermarkten, wie die *Frankfurter Allgemeine Zeitung* berichtet: »Ihre Karriere in der Politik war nun tatsächlich ein höchst erfolgreicher, ja wohl einmaliger Schnelldurchlauf. (…) Von der Leyen warb mit weitaus mehr Plakaten für sich als Bürgermeisterkandidaten, weil sie über ein Direktmandat auch in das Regionsparlament gewählt werden wollte (2001, d. Verf.) Schon in diesem ersten Wahlkampf ließ sie ihre Familie antreten, die auf einem Flyer im Gänsemarsch über eine grüne Wiese spazierte.«[116]

Das Kokettieren mit ihrer Rolle als erfolgreiche Berufsfrau und Mutter hat also System bei der Ministerin. Das politische Tricksen, um einen aussichtsreichen Platz für ein Mandat zu erreichen, hat sie wohl von Anfang an beherrscht. Das zeigt sich an ihrem Umgang mit ihrer ersten Mandats-Nominierung, die nicht gleich so glatt verlief wie gewünscht. Eine Konkurrentin hatte genauso viele Stimmen wie die Tochter des ehemaligen Ministerpräsidenten, die Wahl musste wiederholt werden, und hier trat ihr – wahrscheinlich von Kindesbein erlerntes – Talent, das parteiinterne Kungelsystem in der niedersächsischen CDU für sich zu nutzen, in Aktion: »Die Wiederholung der Wahl war für den 24. Mai 2002 angesetzt. Die Zeit bis dahin hat von der Leyen für sich zu nutzen gewusst. In diesen Monaten führen sie und Ernst Albrecht sowie der mittlerweile verstorbene Ehrenvorsitzende der CDU in Hannover, Wilfried Hasselmann, persönliche Gespräche mit den Delegierten

115 taz 03.03.2003.

116 FAZ, 16.04.2007.

des Wahlkreises 39, flankiert von einer Kampagne der *Bild* Hannover. (...) In sieben Artikeln, die meist das strahlende Foto von ›Röschen‹, der ›Frauenärztin‹, Wissenschaftlerin und siebenfachen Mutter zeigten, war von ›Polit-Intrige‹ die Rede, der umstrittene Stimmzettel (der die innerparteiliche Neuwahl auslöste, d. Verf.) wurde zum ›gefälschten Wahlschein‹. (...) Wer wollte ›Röschen‹ stürzen? ›Tochter von Ex-MP Albrecht Opfer einer schmutzigen Polit-Intrige‹ hieß es in der *Bild*-Zeitung.«[117] Dank dieser Hilfe durch Papa und Boulevard-Presse kam es, wie es kommen musste: Ursula »Röschen« von der Leyen gewann bei der Wahlwiederholung mit einer Zweidrittelmehrheit. Dass bei dieser Angelegenheit ein angesehener Politiker der CDU in Niedersachsen als Intrigant am Pranger stand, obwohl wegen des knappen Wahlgangs lediglich die Parteistatuten angewandt wurden, interessierte weder das »Röschen« noch ihren Vater.

Ursula von der Leyen gibt sich gern in der Rolle der alles regelnden Superfrau und Supermutter, die vorlebt, dass in dieser Republik alles möglich ist. Bei dem rasanten Aufschwung in höhere Ämter der Republik ist es auch nicht verwunderlich, dass sie an ihrem Konzept festhält. Die Medien berichten viel und meistens wohlwollend. Sie springt auf jedes Thema, das sie in gutem Licht in die Medien rückt, und sie versteht es, sich selbst stets von ihrer besten Seite zu präsentieren.

Als ehemalige Bundesministerin für Frauen und Familie und zurzeit für Arbeit und Soziales war und ist sie eigentlich in einer Position, in der sie für die Frauen in Deutschland einiges erreichen könnte. Doch wie sieht ihre Bilanz aus? Die Politik und damit auch Frau von der Leyen beklagten

117 Ebd.

den Rückgang der Geburten in Deutschland; die Medien befürchteten in der jüngeren Vergangenheit sogar, die Deutschen würden aussterben. Da galt es einzugreifen. Also änderte die Bundesursula 2007 die Voraussetzungen für den Bezug von so genannten Transferleistungen für Menschen mit Kindern. Medienwirksam schrieb sie sich das Elterngeld auf ihre Fahnen. Die Theorie hinter der Zahlung solcher »familienwirksamen Leistungen« war, Menschen einen Anreiz zu geben, bei gewissen Aktivitäten nicht nur Spaß zu haben, sondern auch Kinder zu zeugen. Mit dem Elterngeld sollte es besser gehen, denn ein Elternteil konnte sich nun in der Anfangszeit länger um das Kind kümmern.

Auch die neue, stärker eingreifende Rolle der Männer wurde berücksichtigt: Immerhin zwei der vierzehn Monate, die das Geld maximal gezahlt wird, gelten als so genannte Vätermonate – das Gender-Mainstreaming lässt grüßen! Im Jahr 2009 verkündet die Familienministerin von der Leyen die Erfolge des Elterngeldes. Geradezu einen Babyboom hätte ihr Ministerium registriert. Dass es gerade einmal 0,66 Prozent[118] waren in dem Zeitraum, den die Ministerin benennt, klingt allerdings nicht gerade nach einem Boom.

Wer die Aussagen genauer unter die Lupe nimmt, kommt noch auf andere Schönfärbereien der damaligen Familienministerin: »In der gleichen Presse-Vorausmitteilung will uns Frau von der Leyen weismachen, die Steigerung der Geburten von 2006 und 2007 um sage und schreibe 12.000 Kinder sei ihrer guten Familienpolitik zuzuschreiben. Dass die Geburtenzahlen 2005 aber höher lagen als 2007, erwähnt sie lieber nicht.« Auch bei der freudig verkündeten Botschaft, die Männer würden dank des Elterngeldes nun

118 Wolfgang Michal: »Babyboom« & »Neue Väter«. Die statistischen Tricks der Ursula von der Leyen. www.carta.info, 15.02.2009.

endlich ihre Verantwortung für den Nachwuchs mehr wahrnehmen, scheint es sich eher um eine Nachricht aus der Welt der Träumereien von Frau von der Leyen zu handeln: »Im Oktober 2008 berichtete Ursula von der Leyen über die tollen Auswirkungen des neuen Elterngeldes. Sie schwärmte von den ›neuen Vätern‹, die das Angebot freudig annehmen würden. (...) Die ›neuen Väter‹ zählen wie der neue ›Babyboom‹ zur kreativen Statistik-Auslegung des Familienministeriums. (...) Von Januar 2007 bis Juli 2008 wurden für die im Jahr 2007 geborenen Kinder 752.000 Anträge auf Elterngeld gestellt, 649.000 Anträge – das sind 86 Prozente – wurden von den Müttern gestellt.« Also doch nur viel aufgeblasene Luft über dem Familienministerium?[119]

Viel veröffentlicht und kommentiert durch die Ministerin waren auch Themen wie Kinderarmut oder alleinerziehende Frauen – also Mütter, die eigentlich unter dem besonderen Schutz unseres Grundgesetzes stehen müssten. In der Realität ist dieser Schutz jedoch kaum vorhanden, wie die Zeitschrift *Brigitte* im Jahr 2007 im großen Stil beklagt: *Alleinerziehende – von der Gesellschaft im Stich gelassen,*[120] so der Titel der Sonderserie. »Egal ob es um Gesetze, Geld und Gerechtigkeit geht – alleinerziehende Mütter werden regelmäßig vergessen und verraten.« Die Gründe, die nach wie vor gelten, lesen sich in der Dokumentation laut einem Interview mit dem Politologen Christoph Butterwegge so: »Der Staat ist immer noch auf das Modell des männlichen Ernährers fixiert. (...) Besonders krass fällt das auf bei einem Blick auf das Abgabensystem. Alleinerziehende werden fast wie Singles besteuert.« Ergänzend rechnet OECD-Ökonom

119 Ebd.
120 Brigitte, 03/2007.

Herwig Immervoll vor: »Verdient eine alleinerziehende Mutter von zwei kleinen Kindern weniger als 1.400 Euro brutto, lohnt sich die Berufstätigkeit nicht. (...) Steuer, Sozialabgaben und Kinderbetreuungskosten sind zu hoch. (...) Einelternfamilien bilden das Ende einer Kette aus Benachteiligungen und Diskriminierungen von Frauen und Kindern.«

Mit dem Fakt im Hinterkopf, dass Frauen in den so genannten Frauenberufen in der Regel selten ein akzeptables Gehalt beziehen, können wir wohl fest davon ausgehen, dass die Mehrheit aller alleinerziehenden Mütter zukünftig auf Hartz IV angewiesen sein wird. Anerkennung der großen Leistung der Kindererziehung sieht wirklich anders aus.

Umso wichtiger wäre, wie es Anneli Rüling, Wissenschaftlerin am Institut für sozialwissenschaftlichen Transfer in Berlin, in dem Beitrag fordert, »ein gesellschaftliches Klima (...), in dem Elternschaft und Erwerbstätigkeit nicht als Gegensatz erscheinen. Bis dahin brauchen vor allem Solo-Mütter viel Energie und Unterstützung, um den Kopf oben zu behalten – und erst recht, um an die Spitze zu kommen.«

Von der amtierenden Arbeits- und Sozialministerin werden die Frauen, ob Mutter oder nicht, wohl vergeblich auf eine solche Änderung hoffen. So behauptete das damalige Familienministerium der lieben Frau von der Leyen im Familienbericht im Jahr 2006, Frauen und Mütter seien selbst schuld, wenn sie nicht richtig in die Hufe kämen, denn: »Die geringste Präsenz am Arbeitsmarkt findet sich bei deutschen Müttern, die diese gewonnene Zeit aber nicht in Hausarbeit investieren, sondern in persönliche Freizeit.«
Hat man Worte? Nun sind die Mütter zu Hause, wo sie ja nach der familienpolitischen Ideologie auch hingehören,

und werden dann kritisiert, weil sie scheinbar nicht richtig putzen, es vielleicht sogar wagen, Sport zu treiben oder sich ein bisschen Freizeit zu gönnen. So etwas geht der Bundesursula mit ihrem Privatstab natürlich völlig gegen den Strich. Wenn schon nicht auf dem Arbeitsmarkt, dann bitte den Schrubber schwingen!

Mal ehrlich, warum kehren wir nicht gleich ins 19. Jahrhundert zurück und orientieren uns an diesem Leitsatz: »Sei vor allem gottesfürchtig und fromm und suche auch im Herzen deines Mannes stets die Gottesfurcht zu wecken. ›An Gottes Segen ist Alles gelegen‹, ohne ihn kannst du kein Glück und keine Zufriedenheit finden, du magst es anstellen, wie du willst.«[121]

Die Bundesministerin von der Leyen jedenfalls wird wohl kaum diejenige Frau sein, die sich einer rückwärtigen Entwicklung in den Weg stellt. Sie hat sich mehrfach dazu bekannt, dass sie religiös einseitig gepolt sei und das Christentum für gesellschaftlich höchst relevant halte. Als Bundesfamilienministerin initiierte sie ein »Bündnis für Erziehung« mit den beiden großen christlichen Kirchen dieses Landes. Die Botschaft war eindeutig: Man wolle »Bausteine aus der Praxis für die Praxis« einer Erziehung erarbeiten, die sich an christlichen Werten orientiert – welche allerdings nicht benannt werden. An diesem engen Bündnis zwischen Politik und christlichen Vertretern hagelte es Kritik; schließlich kennt die Bundesrepublik keine Staatskirche – beide sind doch per Gesetz strikt zu trennen. Ein solches Bündnis ist mit diesem Grundsatz eigentlich unvereinbar. Doch der Generalsekretär der CDU, Ronald Pofalla, wusste die Idee zu verteidigen: »Mit dem ›Bündnis für Erziehung‹ wird (...) die Handschrift der Unionsparteien als Volkspartei mit

121 Mahnwort eines Seelsorgers an junge Hausfrauen, in: Menschik, aaO., S. 33.

einem christlichen Menschenbild in der Arbeit der großen Koalition deutlich erkennbar.«[122] Ja, das Menschenbild wird deutlich, die Übernahme des christlichen Frauenbildes wohl ebenfalls. Auch später scheut sich die Ministerin nicht, sich in christliche Nähe zu begeben. Im Jahr 2008 ist sie Schirmherrin einer evangelikalen Veranstaltung, dem *Christival* Bremen, die das Bundesfamilienministerium laut Pressemeldungen auch gleich mit 250.000 Euro bezuschusst. Die Kritik folgt auf dem Fuße: »Sogar Pfarrer wie Bernd Klingbeil-Jahr von der Bremer Friedensgemeinde machen mobil gegen die Organisatoren. ›Fundamentalistische Missionsarbeit‹ wirft der Pastor ihnen vor, eine schwarz-weiße, allzu schlichte ›Geisteshaltung‹.«[123]

Christliche Fundamentalisten finanziert durch Steuergelder des Bundesfamilienministeriums – das also ist der Kurs unserer Bundesursula. Liebe Frauen, ahnt Ihr auch, wo das hinführt? Ich fürchte, wenn wir in Zukunft nicht wieder pausenlos Topflappen tragen und Staubsaugerbeutel füllen wollen, müssen wir wieder anfangen, uns zu wehren. Christliche Werte sind schön und gut, aber unsere Bestimmung sollten wir doch selbst bestimmen dürfen. Also bitte, liebe Frauen, nehmt Euch bloß kein Beispiel an Frau von der Leyen!

---

122 CDU-Pressestelle, 21.04.2006.

123 Der Spiegel 18/2008.

Blond versus superblond – Nuancen der Emanzipation

»Männer haben die Welt gestaltet, in der wir leben, also sind sie wie diese Welt.«[124]

Blondinen bevorzugt – der Titel des Filmklassikers mit Marilyn Monroe kam sicher nicht zufällig zustande. In der Männerwelt gelten Blondinen zwar als dumm, aber auch als besonders attraktiv. Das ist sogar statistisch erwiesen. Als Grund hierfür führt der Neurologe Thomas Giersch allerdings nicht die Haarfarbe, sondern die helle Haut an, die Blondinen in der Regel von Natur aus haben.[125] Sonnengebräunt darf diese dann aber schon sein ... Blonde Frauen sind also automatisch besonders weiblich – eine Kategorisierung, die sicherlich diskussionswürdig wäre, aber die Männerwelt reduziert Weiblichkeit nun mal auf äußere Merkmale.

Frauen bemühen sich – immer noch und immer wieder –, diesem Bild zu entsprechen. Trotzdem hat sich vor allem in der TV-Landschaft in den letzten Jahren eine gewisse Lockerung des Einstellungsschemas vollzogen. Inzwischen dürfen nämlich auch dunkelhaarige Frauen vermehrt auf der Mattscheibe erscheinen. Nicht nur machen sie den früher stets blonden Verleserinnen der Weltnachrichten ihren Thron streitig. Sogar als Fußballerexpertinnen treten sie mittlerweile auf – ein Business, das vor nicht allzu langer Zeit noch als reines Männerterritorium galt und in das interessanterweise obendrein Blondinen lediglich selten Zutritt gewährt wird.

124 Cheryl Benard, Edit Schlaffer: Männer, eine Gebrauchsanweisung für Frauen, 1988, S. 9.
125 www.handelsblatt.de, 14.02.2012.

Aus der Zeit der Vorherrschaft der Blondinen im Fernsehnachrichtenwesen stammt eine Frau, die sich im neuen Jahrtausend berufen fühlte, den Kampf gegen ihre zu ehrgeizigen Geschlechtsgenossinnen aufzunehmen: Eva Herman. Im Jahr 2006 erschien ihr Buch *Das Eva-Prinzip* mit dem für die Männerwelt vielversprechenden Untertitel *Für eine neue Weiblichkeit*.

Vor Erscheinen ihres Buches tat Frau Herman bereits öffentlich kund, wes Geistes Kind sie ist. In einem Artikel für *Cicero* beklagt sie, dass nach fünfzig Jahren Feminismus mehr Ehen geschieden würden und die Kinder nicht mehr die Zuwendung erhielten, die ihnen zustehe – seitens der Mütter selbstverständlich. Sie lässt auch nicht aus zu betonen, dass dieser ganze Verfall eine Abkehr von der gottgewollten Rollenverteilung sei: »Der Mann steht in der Schöpfung als der aktive, kraftvolle, starke und beschützende Part (…) Welche Gnade sich in dieser schöpfungsgewollten Aufteilung findet, kann man heute nur noch selten beobachten.«[126]

Das »Eva-Prinzip« scheint sich demnach nicht nur auf den Vornamen der Autorin zu beziehen, sondern auch auf die biblische Urahnin anzuspielen, die einst im Paradies ein unbeschwertes Leben genoss. Eine gewisse Verwandtschaft der Herman`schen mit der biblischen Definition von Weiblichkeit lässt sich in der Tat nicht leugnen. Beide postulieren eine Vorherrschaft des Mannes – und präsentieren nicht gerade ein liberales Bild von Mutterschaft, wobei das biblische zugegebenermaßen drastischer ist: »Und zum Weibe sprach er: Ich will dir viel Schmerzen schaffen, wenn du schwanger wirst; du sollst mit Schmerzen Kinder gebären; und dein Verlangen soll nach deinem Manne sein, und er soll dein

126 www.cicero.de, 16.04.2006.

Herr sein.«[127] Und wenn du dann noch nicht brav bist, musst du Bücher von Eva Herman lesen.

Deren Thesen, die Frauen sollten sich doch endlich wieder auf ihre Aufgaben des Kinderkriegens und der Erziehung besinnen und die Familie in den eigenen Fokus stellen, riefen natürlich bei jenen Begeisterung hervor, die ohnehin schon länger das Bild der Frau zurecht-, oder vielmehr zurückrücken wollten – am liebsten in die 1950er-Jahre ...

In zahlreichen Rezensionen wird das »Christliche« in ihren Gedanken honoriert. Diese wiederum werden jedoch mit Argwohn rezipiert: »Nicht unwahrscheinlich ist, dass hinter diesen (...) Forumsbeiträgen im Internet das Familiennetzwerk steht, das auch *Das Eva-Prinzip* gesponsert hat. Herman hat der Organisation dafür gedankt und ihr die Erlöse des Nachfolgebandes *Liebe Eva Herman* (2007) gestiftet.«[128]

Die blonde Botschaft ist eindeutig: Die Frauen sind dafür verantwortlich, wenn aus ihren Kinder nichts wird, weil sie die Erziehung hinter ihren eigenen Bedürfnissen zurückstellen. Und nicht nur die angebliche Verwahrlosung der Familie wird auf den Schultern der Frauen abgeladen. Viel schlimmer ist, was die Frauen sich dazu noch zuschulden kommen lassen: Sie verweigern die Schwangerschaften! (Vielleicht wegen der gottgewollten Schmerzen?) Und das, obwohl die Deutschen doch vom Aussterben bedroht sind. Alles nur wegen dieser Luder!

Just im Jahr 2006 – kann es Zufall sein? – wird dann auch eben diese Debatte um kinderlose erfolgreiche Frauen lauter. Mit einem Mal und mit Wucht ist sie da. Ganz vorne

127 1. Mose 3.16; Die Bibel oder ganze Heilige Schrift des Alten und Neuen Testaments, nach der deutschen Übersetzung D. Martin Luthers, 1912.

128 Elisabeth Klaus, aaO., S.178

mit dabei natürlich die inzwischen durch Alice Schwarzer feministisch geadelte *Bild*-Zeitung: *Bringt ein Baby den Karriereknick?*[129] titelt das Blatt, um auf den Baby-Notstand in Deutschland aufmerksam zu machen – mit freundlicher Unterstützung von Frank Schirrmacher, Herausgeber der *Frankfurter Allgemeinen Zeitung*, der den *Bild*-Lesern gleich die Apokalypse prophezeit – denn *Ohne Familien gehen wir unter* –, in den Frauen aber unsere »letzte Rettung« erkannt hat.[130] Sehr medienwirksam!

Wollte er mit diesem öffentlichen Aufschrei etwa den Weg für das »Eva-Prinzip« als politische Sendungsbotschaft ebnen? Wenn ja, so ist er hiermit nicht allein, stellt doch im selben Jahr auf politischer Ebene eine weitere Blondine – und gute Bekannte aus dem vorherigen Kapitel –, die damalige Familien- und Frauenministerin Ursula von der Leyen, eine brisante Familienstudie vor. Nachdem bereits die egoistischen kinderlosen Frauen öffentlich gescholten wurden, rechnet diese nun – ganz im Sinne der Gleichstellung, das muss man zugeben – mit den Müttern ab, da die sich angeblich nicht um ihren Nachwuchs kümmern, sondern ganz andere Dinge mit ihrer ach so vielen freien Zeit anstellen: »Sechshundert Seiten lang ist das Konvolut der Forscher. In einem einzigen, kurzen Absatz heißt es dort, die deutschen Frauen verbrächten weniger Zeit mit ihren Kindern (im Schnitt zwei Stunden und 18 Minuten) als etwa die Finninnen (zwei Stunden und 34 Minuten) – egal, ob sie nun berufstätig seien oder Hausfrau.«[131]

Seit Generationen plagen sich die Mütter mit der Verantwortung für das Wohlgeraten der Kinder herum. Berufstätigkeit erhöht diesen Druck. Sucht man nach Verantwor-

129 www.bild.de, 16.03.2006.

130 www.bild.de, 23.03.2006.

131 Jutta Kramm: Der Mutter-Mythos, www.berliner-zeitung.de, 29.04.2006.

tungsübernahme oder einem schlechten Gewissen auf der Erzeugerseite: eher Fehlanzeige. »Ich habe nicht das Gefühl, dass ich in der Familie mehr Verantwortung übernehmen sollte, nein. Ich stehe ja voll im Leben. (…) Ich würde nicht sagen, dass es deswegen mit meiner Frau (auch berufstätig, d. Verf.) Konflikte gibt. In Wahrheit drehen sich unsere Konflikte eher darum, dass sie Schuldgefühle hat. Sie hat ein schlechtes Gewissen, weil sie meint, dass sie selber mehr Zeit mit den Kindern verbringen sollte. Was ich nicht finde. Meiner Ansicht nach soll und kann ein Kind möglichst selbstständig sein.«[132] Dies ist zwar eine Einzelaussage, aber sie steht wohl exemplarisch für die Ansicht vieler Männer, egal ob vorgestern, gestern oder heute. Aber anstatt die Laxheit der Männer im Umgang mit der Zeit für ihre Kinder ins Visier zu nehmen, stürzen sich Forschung, Politik und Boulevard nur auf die 16 Minuten, die deutsche Frauen weniger bei ihren Kindern sind als Finninnen. Das schlechte Gewissen bei den Müttern schüren – eine simple Taktik.

Dass die blonde Eva Herman mit ihren Thesen auch in eine rechtslastige Debatte geriet, die dazu führte, dass sie ihren Nachrichtenjob verlor, ist nicht wirklich verwunderlich. Schließlich wurde die Vollendung des Frauseins als Hausfrau und Mutter, und das möglichst blond und blauäugig, in keiner Zeit so massiv propagiert, wie im dunkelsten Kapitel der deutschen Geschichte: »Die Mutter soll sich ganz ihren Kindern und der Familie, die Frau sich dem Manne widmen können, und das unverheiratete Mädchen soll nur auf solche Berufe angewiesen sein, die der weiblichen Lebensart entsprechen.«[133]

---

132 Cheryl Benard, Edit Schlaffer, aaO., S. 42.

133 Rudolf Frick im Völkischen Beobachter, 12.06.1934, zitiert in: Sonja Pape-Siebert: Genug gejammert, 1984, S. 11.

Für viele sicher überraschender kam in dieser Familiendebatte von einer ganz anderen politischen Seite Zuspruch. Christa Müller, ebenfalls blond und bis 2011 familienpolitische Sprecherin der Linken im Saarland, verkündete einige Zeit später: »Das Glück meiner Familie ist mir wichtiger als mein Job«; den Ausbau von Krippenplätzen, die für viele Frauen die einzige Möglichkeit sind, ihren Lebensunterhalt zu verdienen oder soweit aufzustocken, dass die Familie gut über die Runden kommt, bezeichnet Christa Müller als »Zwang zur Fremdbetreuung«.[134] Weniger verwunderlich ist, dass die Noch-Ehefrau von Oskar Lafontaine mit diesen Äußerungen und weiteren Auslassungen zum glücklichen Muttersein ihre Partei gegen sich aufbrachte. Dass auch ihr so wichtiges Familienglück inzwischen zerbrochen zu sein scheint, ist allerdings wirklich tragisch. Oskar Lafontaine hat sich ja bekanntlich einer anderen Frau zugewandt, Sahra Wagenknecht, die ihrerseits bisher nicht dadurch aufgefallen ist, ihr persönliches Glück in einer Familie finden zu wollen. Finanziell sorgenfrei wird Frau Christa Müller aber wahrscheinlich trotzdem ihr Muttersein genießen können. Dafür wird Oskar Lafontaine bestimmt Sorge tragen können. Dem Zwang der Fremdbetreuung wird sie sich also wohl nicht unterwerfen müssen. Gott sei Dank!

Neueste Vorzeigefrau der aktuellen Familien- und Mütterkampagne, die Mitte dieses neuen Jahrhunderts begann, soll die Frauen- und Familienministerin Kristina Schröder sein. Zum Zeichen ihrer Emanzipation hat diese flugs ein Buch geschrieben: *Danke, emanzipiert sind wir selber.* Merkwürdig nur, dass sich dieses Machwerk mehr wie ein trotziges

134 www.sueddeutsche.de, 14.08.2007.

Referat über ihre eigenen Fähigkeiten liest, mit dem Frau Schröder ihr eher angekratztes Image und ihre Erfolge ins rechte Licht zu rücken versucht, und weniger als selbstbewusste Untermauerung der Titelthese.

Worin genau sie ihren Emanzipationsstatus begründet, bleibt fraglich, und wer nach einer klaren Positionierung pro oder contra Feminismus sucht, hofft vergebens. Denn Frau Schröder sieht Gefahren für das Frausein auf allen Seiten: Pauschal unterstellt sie den Feministinnen, diese würden den Frauen das Muttersein schlecht reden. Ebenso verurteilt sie die konservative Gegenposition der Überhöhung des Mutterseins. Mit ihren Aussagen bewegt sich die – natürlich ebenfalls blonde – Frau Schröder in einer komfortablen Grauzone. Perfekt, wenn man sich nicht festlegen möchte. Aber widerspricht nicht gerade dieses Zögern dem Grundgedanken der Emanzipation?

Von der stockkonservativen Seite kam prompt Kritik. Dass Frau Schröder nach der Geburt ihrer Tochter mit dem Ende der Mutterschutzzeit gleich wieder ihre Tätigkeit im Ministerium aufnahm, war zu viel des Eifers für die selbsternannte »Familien- und Kinderschützerin« Eva Herman. In einem offenen Brief, der entsprechende Resonanz in den Medien hervorrief, warf sie der Ministerin vor, sich nicht genügend mit der Bindung zwischen Mutter und Kind befasst zu haben – ein »kleiner« Seitenhieb auch in beruflicher Hinsicht. Diese sei, so Frau Herman, während der ersten drei Lebensjahre so intensiv wie möglich herzustellen, damit ein Kind gut heranwächst. Frau Schröder sei also wegen der raschen Wiederaufnahme ihrer Arbeit nicht in der Lage, ihr Baby liebevoll zu begleiten. Und umgekehrt: Als Mutter könne sie doch ihr politisches Amt kaum noch in ausreichendem Maße ausfüllen.

Dass selbst eine Familienministerin sich dem Vorwurf stellen muss, sie entspreche nicht dem Frauenbild, das die radikale Familien- und Frauenliga zum absoluten Wohl der Gesellschaft erkoren hat, könnte man in der Tat als Zeichen politischer Fortschrittlichkeit sehen, würde Frau Schröder in ihrem Buch nicht selbst so deutlich erläutern, warum sie »so wenig frauenpolitische Initiative zeigt«[135] …

Blondinen unter sich! Sie lassen scheinbar keine Möglichkeit aus, einander Stolpersteine in den Weg zu legen. Wie viel leichter – und solidarischer – wäre es hingegen, sich zu verbünden und reihenweise die Männer um den Finger zu wickeln. Mit ihrer Haarfarbe hätten sie da gute Karten! Leider nutzen neuerdings aber nur vereinzelte Frauen eine altbewährte Methode, um ihre angestrebten Ziele zu erreichen: die Vermarktung des Blondseins.

Das markanteste und vielleicht für viele verblüffendste Beispiel ist seit einiger Zeit Daniela Katzenberger, hinlänglich bekannt durch Titel wie »die Kult-Blondine« oder »die Katze«. Rein optisch erfüllt sie alle testosterongesteuerten Blondinenträume. Genauso soll frau aussehen, so wünscht man sie sich. Und durch ihre Äußerungen bedient sie häufig genug auch das zweite Klischee der vermeintlichen Dummheit. Und doch schreibt sie ein Buch, das zum Bestseller wird, mit dem Titel *Sei schlau – stell Dich dumm.* Ja, die Katzenberger hat es erkannt: Bediene die Vorurteile, und kein Mann bekommt das Gefühl, er müsse Angst vor dir haben. So erlangt man heute nicht nur mediale Aufmerksamkeit; selbst ein Literaturkritiker und Publizist wie Hellmuth Karasek schmilzt dahin wie Schnee in der Sonne.

135 Heide Oestreich: Die allerletzte Postfeministin, www.taz.de, 16.04.2012.

Die alten Register ziehen also immer noch. Wer die primitiven Mechanismen der Männer begriffen hat, kann ihnen selbstbewusst und keck auf bzw. vor der Nase herumtanzen. Und wenn eine Frau Katzenberger irgendwann genug hat vom Rummel um ihre Person, wird sie sicher ihr Gehirn auch in der Öffentlichkeit wieder benutzen und mit dem vielen, wohlverdienten Geld ihr blondes Leben genießen. Dies mag zwar nicht die expliziteste Form der Emanzipation sein, aber zumindest eine sehr erfolgreiche. Und in ihrem vorbildlichen Kalkül nahezu männlich!

Frauen, die Freude machen

Schaut man/frau zurück in die Jahrhunderte der Männerherrschaft, fällt auf, dass unabhängig von den Herrschaftsbedingungen es stets Frauen gab, die Macht ausgeübt und Einfluss auf die Weltgeschichte genommen haben, auf die Medizin, die Kultur etc. Die gänzlich machtlose Frau gab es nie. Es gab und gibt die unterdrückte Frau, es gab und gibt die ausgebeutete Frau, es gab und gibt keine Gleichstellung der Frau mit dem Mann. Aber es gab immer Frauen, die auf verschiedenen Wegen demonstriert haben, dass sie den Männern ebenbürtig sind. Sie konnten und können wunderbare Bücher der unterschiedlichsten Sparten schreiben (Astrid Lindgren, Agatha Christie, Jane Austen usw.), Gemälde malen (Frida Kahlo), wissenschaftlich forschen (Marie Curie), Länder regieren (Angela Merkel), Unternehmen gründen und leiten (Beate Uhse) und vieles mehr. Es gibt also überhaupt keinen Grund dafür, dass Frauen und Männer nicht auf derselben Gesellschaftsstufe stehen.

Dennoch gibt es einen auffälligen Machtunterschied während der letzten Jahrhunderte, und die Frauen haben es trotz aller Bemühungen nicht geschafft, die Vorherrschaft der Männer endgültig zu beenden. Die Verhältnisse sind zementiert und daher werden, so ist zu befürchten, wir Frauen uns auch in Zukunft nur über einzelne Auserwählte freuen können, die es schaffen, sich ein schönes Leben zu gestalten. Zum Beispiel weil ihnen in einer Partei die Möglichkeit geboten wird, politisch auf hohem Level aufzutreten. Oder weil sie bei der Wahl ihres Ehemannes ein glückliches

Händchen hatten und dieser es ihnen ermöglicht, aus seinem Schatten herauszutreten.

So war es bei Maria-Elisabeth Schaeffler, die nach dem Tod ihres Mannes zur Firmenchefin seines mittelständischen Unternehmens avancierte und es zu einem Weltkonzern ausbaute. Ähnlich erfolgreich eingeheiratet hat Gloria von Thurn und Taxis, die nach dem Tod des Fürsten den Adelsbesitz saniert und es laut Wirtschaftswoche inzwischen auf ein geschätztes Vermögen von 1,5 Milliarden Euro gebracht hat. Ja, Frauen können auch Wirtschaft! Die Liste lässt sich aktuell sehr prominent ergänzen: So hat der mächtige VW-Aufsichtsratschef seiner Frau nun extra einen Stuhl besorgt, damit sie nach seinem Rücktritt ein Auge auf den Konzern hat – trotz fraglicher Qualifikation der gelernten Kindergärtnerin. Keine Quotenregelung bei VW hätte dieser Frau eine Chance geben. Ohne Eheschließung wäre sie, genauso wenig wie Friede Springer, je an eine derartige Machtposition gekommen. Insofern stehen in unserem sozialen System auch diese Frauen nicht für eine grundlegende Verbesserung des Stellenwerts der Frau an sich. Wer darauf hofft, dass dies in naher Zukunft realisiert wird, glorifiziert die Geschichte der Frauenbewegung und die Frauen. An die Spitze zu gelangen und dort seine Fähigkeiten einzusetzen, gelingt bis heute wohl auch in unserem Land am besten, wenn der entsprechende Mann geheiratet wird oder frau aus anderen Gründen männliche Förderung für sich gewinnen kann.

Doch wenden wir uns nun zwei Frauen zu, über die wir uns freuen können. Freuen darüber, dass es sie gibt, dass sie sind, wie sie sind, und Erfolg haben mit dem, was sie tun. Sie stehen als exemplarische Belege dafür, dass es für Frauen in der heutigen Zeit tatsächlich Wege gibt, sich ein

Stück vom Kuchen abzuschneiden, jede mit ihren Möglichkeiten – und sie sind wunderbare Frauen!

ANGELA MERKEL

Unsere Bundeskanzlerin ist eine der mächtigsten Frauen der Welt. Mehr noch: Das *Forbes-Magazine* kürte sie 2011 zu *der* mächtigsten Frau, wieder einmal. Wenngleich dadurch die Bundesrepublik Deutschland nicht zu einem Frauenland geworden und Frau Merkel mit Sicherheit weit davon entfernt ist, für sich die Titulierung Feministin zu akzeptieren, so ist sie dennoch das Paradebeispiel dafür, dass auch im festen Männerklüngel der Parteien in Deutschland für Frauen alles erreichbar ist – ganz ohne Quote. Unabhängig davon, ob man/frau mit ihrer politischen Linie übereinstimmt oder nicht – unverkennbar ist sie eine Frau, die mit gesundem Machtinstinkt den Männern gezeigt hat, wozu eine (von ihnen immer unterschätzte) Frau fähig ist.

Erste Voraussetzung für die Chance von Frau Merkel war die Wende. Ohne die hätte sie wohl kaum eine politische Karriere hingelegt, geschweige denn eine derartige Position ergattert. Denn allen Beteuerungen zur Gleichstellung der Frauen in der DDR zum Trotz sind, außer der Ehefrau von Erich Honecker, keine Frauen in die Regierungsgeschichte der DDR eingegangen.

Höchstwahrscheinlich hätte Deutschland im gesamten 21. Jahrhundert niemals eine Frau als Bundeskanzlerin gesehen, wenn es die Wende nicht gegeben hätte. Denn eine zweite Voraussetzung für den Weg an die Spitze von Angela Merkel war der eingeschränkte Aktionismus von Frauen in den Parteien im Westen. Diese waren und sind durch männliche Strukturen und männliche Netzwerke sozialisiert, sodass sich niemals eine Frau getraut hätte, egal welcher Partei zugehörig, diese Männerbünde aufzubrechen. Sie waren daran gewöhnt, gefragt zu werden, ob sie ein Amt übernehmen wollten. Von wem sie gefragt wurden, war auch klar: vom jeweils die Posten verteilenden Mann. Jede Frau in den Parteien, von der auch nur ansatzweise die Gefahr ausging, diese unausgesprochene Regel zu durchschlagen, wäre von Genossinnen und Genossen oder Freundinnen und Freunden – die Anrede differiert je nach Parteibuch – schon im Vorfeld gestoppt worden.

So kam Angela Merkel die von den CDU-Männern wie selbstverständlich angenommene oder vielmehr vorausgesetzte Zurückhaltung von Frauen bei der Vergabe von hohen Ämtern zugute. Es konnte sich einfach kein Mann vorstellen, dass eine Frau sich so verhalten könnte, wie sie selbst es in der Regel tun, um Ämter zu ergattern, oder dass sie es wagen würde, die dem persönlichen Machterhalt dienlichen Personen, Männer wie Frauen, so einzusetzen, wie es gerade opportun erscheint. Übrigens wird diese »Personalpolitik« völlig unabhängig von Vorbildung oder politischen Fähigkeiten verfolgt.

Wie wenig die seinerzeit in der CDU herrschenden Männer Angela Merkel zugetraut haben, wird schon daran deutlich, dass ihr zwar Ministerämter übertragen wurden (Umwelt- und später Familienministerium) und sie zusätzlich Generalsekretärin der CDU werden konnte, sich aber trotzdem vom Überkanzler Kohl als »sein Mädchen« bezeichnen lassen musste. Eine gestandene, studierte Frau! Es ist zu befürchten, dass Herrn Kohl bis heute nicht klar ist, welche Unverschämtheit diese Bezeichnung für die gute Frau darstellte.

Wahrscheinlich hat ihre Berufung in die damalige Bundesregierung als Ministerin auch damit zu tun, dass Parteiämter oder Ministerposten in den Parteien nach bestimmten Proporzen vergeben werden. Frauen durfte man schon des Images wegen nicht mehr übergehen. Außerdem konnte man mit der Wahl der Kandidatin auch die Frauenunion bei der Kabinettsbildung ruhigstellen, die womöglich mit eigenen, als nicht so ungefährlich für die Machtstellung der jeweiligen Männer eingeschätzten weiblichen Personalvorschlägen dahergekommen wäre. Gegen eine Frau, obendrein noch aus dem Osten stämmig, konnten die Frauen in der CDU zur damaligen Wiedervereinigungszeit nichts einwenden.

Zunächst schien das Männerklüngel-Kalkül tatsächlich aufzugehen. Wie sich gezeigt hat, aber nur bis zu einer gewissen Grenze. Denn letztendlich hat Angela Merkel praktisch Helmut Kohl gestürzt und damit gleich ein paar männliche Nachfolgeträume vom Kanzleramt und dem CDU-Vorsitz zerstört. Beliebt macht man sich damit nicht bei den Männern – und leider auch nicht bei vielen Parteifrauen. Diese Machtposition zu halten, schafft man, nein, in diesem Fall ganz klar frau, nur, wenn man seinen Kräfteradius konsequent ausbaut und niemand sich traut, die Sägen zu schärfen, um den Stuhl zum Sturz zu bringen. Angela Merkel beherrscht inzwischen virtuos die Parteispielchen, und die Männer in den anderen Parteien, allen voran der SPD, sind sicher froh, dass diese Frau sich die CDU als ihre politische Heimat auserwählt hat.

Ihre Fähigkeit, auch auf internationaler Ebene den Herren der Macht, ob Putin oder Sarkozy, Nebenrollen zuzuordnen, hat ihren Ursprung – und das kommt wahrscheinlich als ausschlaggebender Punkt für ihren Weg in der Politik hinzu – in ihrer DDR-Sozialisation. Viel könnte man darüber spekulieren, wann und wieso sie so geworden ist. So weit vorn vor den westlichen Frauen mit so viel Parteierfahrung. In Kürze ist es nach dem böhmischen Psychoanalytiker Hans-Joachim Maaz so erklärbar:

»›Sich anzustrengen und ihre Fähigkeiten umzusetzen, ist für sie selbstverständlich. (...) Dazu kommen früh geübtes Misstrauen und Vorsicht, das war in der DDR lebensnotwendig.‹ Aufgrund dieser Erfahrungen habe sie ein Gespür entwickelt, in bestimmten Situationen zu handeln, statt abzuwarten, oder abzuwarten, statt zu handeln. Das ›weibliche Selbstverständnis der Ostfrau‹ habe ihr zwar geholfen, aber mehr noch das, was Maaz zu den charakteristischen Eigenschaften seiner Landsleute zählt: ›Neben den massenpsychologischen Folgen eines autoritären Systems wie dem der DDR entstehen aus der Not auch individualpsychologische Schutzmechanismen mit herausragenden Kräften und Fähigkeiten.‹ Und die habe die regierende Mutter der Nation, obwohl sie leibhaftig nie Mutter war.«[136]

Frauen, und vielleicht auch Männer, freut euch an dieser Frau, an unserer Bundeskanzlerin. Egal, ob ihr mit dem, was sie politisch durchzusetzen versucht, konform seid. Nehmt zur Kenntnis, dass davon auszugehen ist: Bei Frau Merkel werden uns keine Überraschungen bevorstehen, weil sie sich irgendwelchen Klüngelkreisen – ob national oder international, ob aus Geldgier oder reiner Eitelkeit – verpflichtet fühlt, ihre für richtig erachteten Entscheidungen zu ändern. Und dies ist in Deutschland nach den Erfahrungen

136 Michael Jürgs: Wie geht's Deutschland? 2009, S. 52f.

mit Männern in den höchsten Ämtern unseres Staates, als Bundeskanzler oder Bundespräsident, mehr Wert, als viele Parteistrategen vielleicht meinen.

CHARLOTTE ROCHE

Eine wirklich bemerkenswerte Frau hat die deutsche Feministinnenszene vor einigen Jahren betreten: Charlotte Roche. Selbst die *Emma* kam an ihr nicht vorbei und widmete ihr 2001 ein Titelbild. Charlotte Roche ist klug, erfrischend klar in ihrer Meinung, geehrt mit dem Bayerischen Fernsehpreis (2002) und etwas verspätet 2004 mit dem renommierten Grimme-Preis. Sie ist also im Fernsehen aktiv und begann, so ist nachzulesen, ihre Karriere als Aushängeschild des Senders *Viva Zwei.* Dass auch Menschen, die nicht zum Stammpublikum dieses inzwischen nicht mehr existenten Senders gehören, von ihr erfuhren, ist wohl nicht zuletzt Harald Schmidt zu verdanken, der sie zur »Queen of German Pop Television« erklärte.

Endgültig in die breite öffentliche Wahrnehmung katapultierte sie ihr 2008 erschienener erster Roman *Feuchtgebiete.* Das Buch schlägt ein wie ein Blitz. Eine Frau schreibt über Sexualität, und zwar in einer Weise, die anscheinend auch heute Frauen noch nicht zugestanden wird. Die Reaktionen der Medien sind entsprechend. Die *Bild*-Zeitung wartet mit Schlagzeilen auf wie *Was treibt Sie zu Schamlos-Charlotte* oder *Reich dank Sex-Buch – So ekelt Charlotte Roche ihr Konto voll.* Ob sich die Macher der Zeitung, die sicher nicht ohne Grund selbst gern über sexuelle Abenteuer und Praktiken prominenter Personen berichten, derartig in die Autorin Roche verbeißen, weil die es früher einmal gewagt hat, sich mit der *Bild* anzulegen, und u. a. an einer *Bild*-kritischen Lesung teilgenommen hat? Der Vorwurf der Bereicherung durch Schilderungen von Sexpraktiken nach dem Motto »sex sells« war zumindest eine Unterstellung, der sich Charlotte Roche stellen musste. Doch in den diversen Talkshows, in denen sie damit konfrontiert wurde, hat sie souverän pariert.

Trotzdem zeigt uns dieses Beispiel: Wir machen keine Fortschritte. Frauen schreiben über Sexualität. Das dürfen sie. Aber bitte doch nicht in dieser Form, in dieser Art und Weise über Körperflüssigkeiten und Hygiene.

Eine Frau sagt Deodorant und Parfum den Kampf an. Kein Wunder, dass dies skandalisiert wird. Schließlich greift Frau Roche doch damit eine der Grundfesten unserer Gesellschaft an – das Wirtschaftswachstum. Allein das ist Gefahr genug; der Frau muss Einhalt geboten werden. Es ist quasi eine Sorgfaltspflicht, der die *Bild*-Zeitung da nachkommt.

Die *Süddeutsche Zeitung* bringt die Aussage des Roche-Buches auf den Punkt und erklärt schon in der Überschrift, warum die Aufregung so groß ist. Dort ist zu lesen: »Comedy total: In *Feuchtgebiete* erschuf Charlotte Roche ein Monstrum, das der übermächtigen und hyperperfekten Heidi-Klum-Welt trotzt.« Sie ist der eingebetteten Sauberwelt des Frauseins entgegengetreten. Derartig brutal aufgerüttelt zu werden, und das auch noch von einer Frau, darf nicht einfach zur Kenntnis genommen werden. Die Faszination des Buches und sein Erfolg, der die Autorin bei vielen Neidern erst recht zur Schlampe avancieren lässt, ist hier kurz und bündig beschrieben: »Das Lachen über den Anti-Parfum-Roman, zumal wenn die Autorin ihn in einer ihrer Lesungen vorstellt, ist halb peinliches Berührtsein, halb Genuss an der polemischen Energie. Der Druck der Heidi-Klum-Welt muss schon sehr stark sein, wenn ihm ein solcher überkandidelter Comedy-

Auftritt des schmutzigen Körpers so erfolgreich als Polemik gegenübertritt.«[137]
Charlotte Roche ist eine Feministin, sie lebt ihren Feminismus und lässt sich nicht vorschreiben, wie sie zu sein hat. Ist es nicht das, was die Frauen der frauenbewegten Zeiten immer wollten?

Anscheinend nicht, zumindest nicht die Alice-Schwarzer-Fraktion der Szene. Anders kann man die Reaktion von Alice Schwarzer auf den zweiten Roman von Charlotte Roche, *Schoßgebete*, nicht verstehen. In einem offenen Brief attackiert die Alt-Feministin die Neue im Haifischbecken mit Sätzen wie: »Du hast nicht die Lösung, du hast das Problem.« Zu erklären ist diese Attacke aus altfeministischer Ecke wohl damit, dass Frau Roche über Spaß am Sex mit Männern schreibt, ohne ein schlechtes Gewissen zu haben.

Natürlich, viele, gerade sehr selbstbewusste Frauen wissen, dass Sex mit Männern Spaß machen kann. Bei diesem Lustempfinden muss man nicht die gesamte unterdrückte Welt der Frauen vergessen. Es gelingt durchaus, Spaß am Sex mit Männern zu haben und am nächsten Tag mitzuhelfen, die Lebenssituation von Frauen zu verbessern. Gegen Gewalt gegen Frauen aufzustehen, immer wieder den Finger in die Wunde zu legen, dass wir heute weiter entfernt sind von der Gleichberechtigung der Geschlechter als zuvor.

Also Frauen, freuen wir uns über die Feministin Charlotte Roche und hoffen wir, dass sie sich auch zukünftig weder von der Männerwelt noch von Teilen der Frauen unterkriegen lässt, sondern vielmehr andere Frauen inspiriert, sich ebenfalls aus der diktierten Rollenkonformität zu befreien. Denn von dieser Sorte Frau brauchen wir mehr!

---

137 Süddeutsche Zeitung, 16.04.2008.

Rafft Euch empor! Organisiert Euch![138]

Im 21. Jahrhundert stellen sich einige Fragen:

- Ist der Feminismus gestorben? Die Antwort ist: Nein.
- Ist die deutsche Frauenbewegung gestorben? Die Antwort ist: Ja.
- Sind die Frauen in der Bundesrepublik Deutschland gleichberechtigt? Ganz klar: Nein.

Es gibt jede Menge Papiertiger, die immer wieder bemüht werden, wenn »Frauenfragen« in der Gesellschaft auftauchen. Das Problem an diesen theoretisch so ausgetüftelten Lösungen ist: Rechte haben und Recht bekommen ist zweierlei. Welche Frau erfährt denn in der Praxis schon, wenn es wieder einmal nicht funktioniert hat mit dem neuen Job, ob es an ihrem Geschlecht lag? Keine! Da kann noch so klar in der Stellenausschreibung stehen: Bei gleicher Qualifikation werden Frauen bevorzugt eingestellt.

Sind die Frauen in der Bundesrepublik Deutschland den Männern gleich*gestellt*? Die Antwort ist ebenfalls klar: Nein. Von einer Gleichstellung in der Gesellschaft sind die Frauen ebenso weit entfernt wie vor 100 Jahren.

Also brauchen wir einen neuen Feminismus? Nein, denn die Forderungen des »alten« zur Gleichstellung sind identisch mit den »neuen« Forderungen.

138 Hedwig Dohm: Der Frauen Natur und Recht, 1876, S. 183.

Die Situation der Frauen in der Gesellschaft hängt immer von der wirtschaftlichen Entwicklung des Landes ab. Frauen waren und bleiben die Reservearmee der Wirtschaft bei Krisen. Typisch für die jetzige Zeit ist, dass dauernd beklagt wird, in Deutschland herrsche ein Mangel an ausgebildeten Fachkräften. Wie bei diesen Rahmenbedingungen nicht anders zu erwarten war, wird plötzlich laut nach den Frauen gerufen, die doch bitte schön jetzt endlich auch die Männerberufe erobern sollen. Doch sollen es bitte Frauen aus einer bestimmten Schicht sein – Karrierefrauen à la von der Leyen, die alles geregelt bekommen.

Diese scheinbare Chancenofferte schimpft sich *konservativer Feminismus*. Ein Widerspruch in sich, bedeutet *konservativ* doch »am Hergebrachten hängend, festhaltend (besonders im politischen Leben)«.[139] Feminismus hingegen will Ketten sprengen, neue Wege bereiten und endlich das herbeiführen, was bereits im 18. Jahrhundert formuliert wurde: »Der soziale Fortschritt (...) erfolgt aufgrund der Fortschritte in der Befreiung der Frau.«[140]

Somit wird die heutige Entwicklung in der feministischen Diskussion in großen Teilen absurd. Keine der Frauen, die sich öffentlich äußern, zieht eine gesellschaftskritische Analyse heran, keine bezieht sich auf die reale Situation der Mehrheit der Frauen. »Die Vielfalt der Feminismen erweist sich als janusköpfig, weil sich in den vermeintlich ›neuen‹ Feminismen erstaunlich viele alte und frauenpolitisch mindestens konservative Positionen gegen den ›alten‹ Feminismus artikulieren.«[141]

---

139 www.enzyklo.de: »konservativ«.

140 Charles Fourier: Die Theorie der vier Bewegungen und der allgemeinen Bestimmungen, 1966, S. 190.

141 Elisabeth Klaus: Antifeminismus und Elitefeminismus – Eine Intervention; in: Feministische Studien 2/08, S.176.

Die analytische »alte« Frauenbewegung hat immer die wirtschaftliche Situation der Frauen zum Leitfaden ihrer Kritik erkoren. Im 21. Jahrhundert ist immer noch (oder wieder) eine Kluft zwischen zwei Lagern spürbar. Auf der einen Seite steht eine Gruppe von bürgerlichen und gutbürgerlichen Frauen, die sich der konservativen Frauenelite anschließen und im Zweifel durch diese und durch Beziehungen in der Männerwelt Karriere machen können. Ihnen gegenüber befindet sich ein stark benachteiligter Großteil von Frauen, die wie eh und je die Last der Dreiteilung ihres Lebens – Beruf, Familie, Haushalt – tragen und häufig genug als alleinerziehende Mütter strikt wirtschaften und ihren Tagesablauf genau takten müssen. Die meisten Frauen werden unerwartet von diesem Strudel erfasst, der zu häufig in die Armut führt – mit den entsprechenden Auswirkungen auf das gesamte weitere Leben, auch für die Kinder. Dies ist das Schicksal vieler, zu vieler Frauen in der angeblich so frauenfreundlichen Bundesrepublik Deutschland im 21. Jahrhundert. »Armut ist deswegen weiblich, weil die Armutsquote bei Frauen mit 21 Prozent deutlich über der bei den Männern mit 16 Prozent liegt und in den letzten Jahren auch stärker angestiegen ist. (…) Frauen verdienen bei gleicher Qualifikation und Tätigkeit ein Fünftel weniger als ihre männlichen Kollegen, ihre Erwerbstätigkeit ist systematisch schlechter bezahlt. Zudem ist in den typischen Frauenberufen das Lohnniveau insgesamt sehr niedrig. Die Lage armer Frauen verschärft sich in besonderen Lebenssituationen: Unterbrechung der Erwerbsbiografie und schwierige Wiedereinstiege wegen der Kindererziehung; geringere Rentenanwartschaften wegen dieser Unterbrechungen, meist wegen Kinderbetreuung oder Pflege Angehöriger; Trennungen und Scheidung (…)

und der Konsequenz SBG II. Die Situation als Alleinerziehende und das niedrige Lohniveau führen dazu, dass jeder vierte Haushalt mit einem alleinerziehenden Elternteil – eben meist Frauen – trotz Erwerbstätigkeit vom Existenzminimum des SGB II leben muss.«[142] Neuer Bericht – altbekannte Töne.

Die Verschärfung der Lebenssituationen von Frauen, ob Mütter oder nicht, ist ausgerechnet durch Gesetzesänderungen entstanden, die eigentlich dem Wohle der Frauen dienen sollten. Erlassen wurden diese Gesetze von Parteien, die seit Jahrzehnten am meisten auf die Gleichberechtigung pochen: SPD und Bündnis/90 die Grünen. Dank ihrer Agenda 2010 und ihres neuen SGB II, also den so genannten Hartz-Reformen, fällt einmal mehr die Hälfte der Menschen, die Frauen, in politisch evozierte Gesellschaftsfallen. Eine unabhängige wirtschaftliche Existenzsicherung wird insbesondere durch diese Neuerungen im sozialen Netz stark erschwert; die Frauen sind schutzloser als zuvor.

Natürlich wird auf dem Papier der selbsterhobene Anspruch formuliert, Frauen und Männer in dieser Republik gleichzustellen. Bei der von der rot-grünen Bundesregierung propagierten größten Sozialreform der Bundesrepublik Deutschlands beginnt der Gesetzestext zeitgemäß: »Die Gleichstellung von Männern und Frauen ist als durchgängiges Prinzip zu verfolgen. Die Leistungen der Grundsicherung sind insbesondere darauf auszurichten, dass (…) geschlechtsspezifischen Nachteilen von erwerbsfähigen Hilfebedürftigen entgegengewirkt wird.«[143] Soweit die Einleitung, nun die Auswirkungen:

142 Die Stadtredaktion, 22.09.2011.

143 Sozialgesetzbuch II, §1.

»Die mit Hartz II eingeleiteten Neuregelungen zu geringfügigen Beschäftigungsverhältnissen (Mini-Jobs) und der Förderung der ›Ich-AG‹ führten wohl zu einem Anstieg der Frauenerwerbstätigkeit, allerdings nicht zuletzt um den Preis der Umwandlung regulärer und meist existenzsichernder Beschäftigung in den Teilzeit- und Niedriglohnbereich. (...) Es sind verstärkt Frauen, die das Heer der »working poor« bilden. (...) Aus feministischer Sicht besonders kritisch ist die seit Einführung verstärkte Geltung des ›Subsidiaritätsprinzips‹, also des Vorrangs privater Versorgung durch Familien oder Partnerschaft vor staatlicher Unterstützung. (...) Neben direkten finanziellen Einbußen und der Abhängigkeit von Ehe- und Lebenspartner ist den Betroffenen als Folge ihrer ›Nicht-Bedürftigkeit‹ faktisch der Zugang zu arbeitsmarktpolitischen Maßnahmen verwehrt.«[144]

Im 21. Jahrhundert sind gesetzliche Regelungen, die dem Wortlaut nach Gleichberechtigung propagieren, also leider ebenso wenig das Papier wert, auf dem sie stehen, wie in den 50er-Jahren des 20. Jahrhunderts das so genannte Gleichberechtigungsgesetz. Während damals jedoch immerhin eine Protestrolle der Frauen mit der Hoffnung auf Besserung die Folge war, bleiben die Frauen heute traurigerweise leise und fügen sich in ihr Los. Und das trotz der – nicht nur aus feministischer Perspektive – wirklich absurden Gesetzesinhalte: »Hartz IV macht's möglich: die Vermittlung von langzeitarbeitslosen Frauen ins Rotlicht-Milieu. Rechtlich gibt es keine Untergrenze der Zumutbarkeit bei der Jobvermittlung. (...) Es gibt juristisch keinen Hinderungsgrund, in diesen Dienstleistungsbereich zu vermitteln. Wenn eine Muslimin im

144 Dr. Karin Lenhardt: Hartz IV und die Frauen, www.demo-online.de, 01.05.2007.

Schlachthof Schweinefleisch verarbeiten, ein junger Mann als Nacktputzer und eine ehemalige Call-Center-Mitarbeiterin sich in der Telefonsexagentur verdingen müsse«, erläutert Mechthild Garweg, Fachanwältin für Familien- und Sozialrecht, die in Qualifizierungsgesellschaften Leute auf die Erwerbslosigkeit vorbereitet, im Interview mit der *taz*, »warum soll dann von einer erwachsenen Frau nicht verlangt werden, ihr Einkommen durch kommerzielles Vögeln zu erzielen.« Juristisch gebe es hier keinerlei Bedenken.[145]

Möglich gemacht hat die hoffentlich bisher in der Praxis nicht umgesetzte Option, arbeitslose Frauen durch das Arbeitsamt in die Prostitution zu schicken, das vor allem von den Grünen als so fortschrittlich gefeierte Gesetz, das die Sittenwidrigkeit der Prostitution aufgehoben hat und die Sexarbeit als offiziellen Dienstleistungsjob klassifiziert. Natürlich wird davon ausgegangen, dass keine Zwangsvermittlung in die Prostitution stattfindet, aber: »Bordelle und Prostituierte zahlen Arbeitslosen-, Kranken- und Sozialversicherung, dann haben sie auch ein Recht auf Vermittlung durch das Arbeitsamt.«[146] Wer kann schon garantieren, dass bei derartigen Vermittlungen keine Grenzüberschreitungen stattfinden? Jobs im Puff durch das Arbeitsamt – welch wunderbare Perspektiven für arbeitslose Frauen.

Was ist also dran an der Gleichberechtigung der Geschlechter, was sind die Erfolge der Frauenbewegung mit Hilfe der so fürsorglichen Männer in den Parteien? Wo stehen die Feministinnen aktuell?

---

145 taz, 18.12.2004.

146 Ebd.

Immer noch dort, wo sie schon seit langem ausharren: doppelbelastet durch Beruf und Familie (neudeutsch nennt man das multitasking-fähig), als Ehe- und Hausfrau abhängig von der Partnerschaft, mit den entsprechenden Auswirkungen, sollte der »Familienernährer« sich plötzlich aus dem Staub machen usw.

An den Grundbedingungen für die gesellschaftliche Situation der Frauen etwas zu ändern, dazu ist niemand bereit. Dies würde ja den Abschied von den gewachsenen patriarchalen Strukturen bedeuten und damit den Abschied von absolutistischer männlicher Macht.

Unbestreitbar hat sich in diesem Land die Gesellschaft wieder zurückentwickelt. Wir leben wieder sehr viel mehr in einer Klassengesellschaft, in der *eine* Menschengruppe gut, sehr gut leben kann. Diese ist zwar klein, dafür sind die Mitglieder aber reicher als vor 20 Jahren. Die nächste, stetig größer werdende Klasse besteht aus all denjenigen, die Angst davor haben müssen, irgendwann von dem Geld, das sie mit ihrer Arbeit verdienen, nicht mehr leben zu können. Und schließlich gibt es die Klasse von Menschen, die mit ihren Mini-Jobs und Zeitverträgen bereits im sozialen Sumpf stecken, die als Leiharbeiter ausgenutzt werden und verzweifelt versuchen, aus dieser Tiefe wieder aufzutauchen. Frauen waren schon immer die Leidtragenden dieser Entwicklung, da kann noch so viel über ihre Verdienste als »Familienmanagerin« geredet werden. Es wird also Zeit, wie in der Vergangenheit zu rufen:

»Erwachet, Deutschlands Frauen, wenn Ihr ein Herz habt, zu fühlen die Leiden Eurer Mitschwestern, und Thränen, sie zu beweinen, mögt Ihr selbst auch im Schoß des

Glückes ruhen. Erwachet, wenn Ihr Grimm genug habt, Eure Erniedrigung zu fühlen, und Verstand genug, um die Quellen Eures Elends zu erkennen.«[147]

147 Hedwig Dohm, aaO.

Literaturnachweis

BÜCHER

Simone de Beauvior: Das andere Geschlecht. Sitte und Sexus der Frau, aus dem Französischen übersetzt von Eva Rechel-Mertens und Fritz Montfort, Rowohlt Verlag, Reinbek bei Hamburg 1951.

August Bebel: Die Frau und der Sozialismus. Mit einem einleitenden Vorwort von Eduard Bernstein, Neusatz der 1929 erschienenen Jubiläums-Ausgabe, Karl Dietz Verlag, Berlin/Bonn 1980.

Cheryl Benard, Edit Schlaffer: Männer – Eine Gebrauchsanweisung für Frauen. Rowohlt Verlag, Reinbek bei Hamburg 1988.

Alex Comfort: Der aufgeklärte Eros. Plädoyer für die menschenfreundliche Sexualmoral, aus dem Englischen übersetzt von Frank E. Weiss, Szczesny Verlag, München 1964.

Karl-Heinz Deschner: Das Kreuz mit der Kirche. Eine Sexualgeschichte des Christentums, Evon-Verlag, Düsseldorf/Wien 1974.

Hedwig Dohm: Der Frauen Natur und Recht. Zur Frauenfrage, Wedekind & Schwieger Verlag, Berlin 1876.

Christel Dormagen: Geld, Macht, Liebe. Frauen: neue Unabhängigkeit, alte Gefühle, Rowohlt Verlag, Reinbek bei Hamburg 1992.

Charles Fourier: Die Theorie der vier Bewegungen und der allgemeinen Bestimmungen, hg. von Theodor W. Adorno, eingeleitet von Elisabeth Link, Europäische Verlagsanstalt, Frankfurt a.M./Wien 1966.

Ute Gerhard: Unerhört – Die Geschichte der deutschen Frauenbewegung, 2. Aufl., Rowohlt Verlag, Reinbek bei Hamburg 1991.

Helga Grubitzsch, Loretta Lagpacan: »Freiheit für die Frauen, Freiheit für das Volk«: Sozialistische Frauen in Frankreich 1830 – 1848, Syndikat Verlag, Frankfurt a.M. 1980.

Eva Herman: Das Eva-Prinzip: Für eine neue Weiblichkeit. Pendo-Verlag, München/Zürich 2006.

Kurt Hutten: Die sexuelle Revolution. Revolution oder bloße Sittenverderbnis?, Evangelische Zentrale für Weltanschauungsfragen – Information Nr. 20, Stuttgart 1966.

Michael Jürgs: Wie geht's Deutschland? Populisten, Profiteure, Patrioten. Eine Bilanz der Einheit, 2. Aufl., Goldmann Verlag in der Verlagsgruppe Random House GmbH, München 2009.

Heinz Körner und Roland Kübler (Hg.): Männertraum(a). Ein Lesebuch für Erwachsene, 3. Aufl., Lucy Körner Verlag, Fellbach 1985.

Anke Martiny: Von der Trümmerfrau zur Quotenfrau: Vierzig Jahre Gleichberechtigung im Lichte und im Schatten der Verfassung. In: Dorothea Frandsen: Frauen in Wissenschaft und Politik. Schwann Verlag, Düsseldorf 1987.

Jutta Menschik (Hg.): Grundlagentexte zur Emanzipation der Frau, 2. verb. u. erw. Aufl., Pahl-Rugenstein Verlag, Bonn 1977.

Sonja Pape-Siebert: Genug gejammert – Oder verraten die Frauen den Feminismus? Eine Streitschrift, Dietz Verlag, Berlin/Bonn 1984.

Antje Radcke: Das Ideal und die Macht. Das Dilemma der Grünen, Henschel Verlag, Berlin 2001.

Alice Schwarzer: Alice im Männerland. Eine Zwischenbilanz, Verlag Kiepenheuer & Witsch, Köln 2002.

Lynne Segal: Ist die Zukunft weiblich? Probleme des Feminismus heute, aus dem Englischen von Brigitte Stein, Fischer Taschenbuch-Verlag, Frankfurt a.M. 1989.

Barbara Stiegler: Antidiskriminierung – Erschöpfung in der Geschlechterpolitik?, hg. v. Wirtschafts- und Sozialpolitischen Forschungs- und Beratungszentrum der Friedrich-Ebert-Stiftung, Abteilung Arbeit und Sozialpolitik, Bonn 2005.

Adolph von Knigge: Über den Umgang mit Menschen, 2. Aufl., Schmidt Verlag, Hannover 1788.

ONLINE-QUELLEN

Silke Baumgarten: Interview mit Gerhard Amendt: »Schafft die Frauenhäuser ab«, brigitte.de, 20.08.2009.
http://www.brigitte.de/gesellschaft/politik-gesellschaft/frauenhaeuser-gerhard-amendt-1031207/

Sabine Beikler: Gleichberechtigung. Berlins Parteien stehen vor der Frauenfrage, tagesspiegel.de, 20.10.2011.
http://www.tagesspiegel.de/berlin/gleichberechtigung-berlins-parteien-stehen-vor-der-frauenfrage/5335110.html

Parissa Chagheri: Die Sprache der Mädchenzeitschriften. Eine sprachwissenschaftliche Untersuchung von Brigitte Young Miss und Bravo Girl, Magisterarbeit am Institut für Sprach- und Literaturwissenschaft der Technischen Universität Darmstadt.
http://www.linglit.tu-darmstadt.de/fileadmin/linglit/sprache/download/dox/chagheri_p.pdf

Jürgen Cochlovius: Schluss mit evangelisch?
http://wegedeslebens.info/HOME/SchlussMitEvangelisch.html

Ricardo Coler: Männer leben besser, wo Frauen das Sagen haben, im Interview mit Jürgen Vogt, spiegel.de, 27.05.2009.
http://www.spiegel.de/panorama/gesellschaft/matriarchat-maenner-leben-besser-wo-frauen-das-sagen-haben-a-627103.html

Karen Duve: Feminismus. Das einstige Wohlwollen hat sich in etwas Hartes verwandelt, Die Zeit, Nr. 35 / 2006, zeit.de, 24.08.2006.
http://www.zeit.de/2006/35/Feminismus-Duve

Heike Faller: Emanzipation. Wir brauchen einen neuen Feminismus, Die Zeit, Nr. 35 / 2006, zeit.de, 24.08.2006.
http://www.zeit.de/2006/35/Feminismus-Editorial

Marike Frick: Frauengehälter. Abgespeist und unterbezahlt, spiegel.de, 28.02.2011.
http://www.spiegel.de/unispiegel/jobundberuf/frauengehaelter-abgespeist-und-unterbezahlt-a-747116.html

Thomas Gesterkamp: Geschlechterkampf von rechts. Wie Männerrechtler und

Familienfundamentalisten sich gegen das Feindbild Feminismus radikalisieren, veröffentlicht in: Wiso Diskurs, Friedrich Ebert Stiftung, 2010. Einsicht über: *http://library.fes.de/pdf-files/wiso/07054.pdf*

Maya Götz: Sexualisierte Mädchen und machohafte Siegertypen – Geschlechterbilder im Kinderfernsehen, März 2009.
http://www.goethe.de/ges/mol/dos/gen/geb/de4213113.htm

Heike Haarhoff: Die Supermutterpowertochter, taz.de, 03.03.2003.
http://www.taz.de/1/archiv/archiv/?dig=2003/03/03/a0121

Eva Herman: Die Emanzipation – ein Irrtum? cicero.de, 16.04.2006.
http://www.cicero.de/salon/die-emanzipation-%E2%80%93-ein-irrtum/37347

Astrid Joosten: Alleinerziehende – von der Gesellschaft im Stich gelassen, Brigitte, Heft 3 / 2007.
http://www.brigitte.de/gesellschaft/politik-gesellschaft/dossier-alleinerziehend-565687/8.html

Elisabeth Klaus: Antifeminismus und Elitefeminismus – Eine Intervention.
http://www.feministische-studien.de/fileadmin/download/pdf/Fem08_02_Klaus.pdf

Stefan Klein: Alice Schwarzer über Birma. Sind so liebe Wasserbüffel, sueddeutsche.de, 03.06.2008.
http://www.sueddeutsche.de/kultur/alice-schwarzer-ueber-birma-sind-so-liebe-wasserbueffel-1.211832

Jutta Kramm: Der Mutter-Mythos, berliner-zeitung.de, 29.04.2006.
http://www.berliner-zeitung.de/newsticker/deutschlands-patriarchen-kaempfen-ihre-letzte-schlacht--sie-wollen--dass-die-frauen-das-land-retten---und-mit-den-kindern-zu-hause-bleiben-der-mutter-mythos,10917074,10382582.html

Karin Lenhardt: Hartz IV und die Frauen, demo-online.de, 01.05.2007.
http://www.demo-online.de/content/hartz-iv-und-frauen-0

Jennifer Litters: Alle Jahre wieder – warum der Equal Pay Day noch immer nötig ist, freitag.de, 23.03.2012.
http://www.freitag.de/autoren/maedchenmannschaft/alle-jahre-wieder-2013-warum-der-equal-pay-day-noch-immer-notig-ist

Jutta Maier, Eva Roth: Frauen in Spitzenposten. Die gläserne Decke, Frankfurter Rundschau, 16.03.2010.
http://www.fr-online.de/wirtschaft/frauen-in-spitzenposten-die-glaeserne-decke,1472780,3127568.html

Wolfgang Michal: »Babyboom« & »Neue Väter«: Die statistischen Tricks der Ursula von der Leyen, carta.info, 15.02.2009.
http://carta.info/5162/babyboom-neue-vaeter-die-statistischen-tricks-der-ursula-von-der-leyen/

Lothar Müller: Hygiene wird bei mir klein geschrieben, sueddeutsche.de, 16.04.2008.
http://www.sueddeutsche.de/kultur/charlotte-roche-feuchtgebiete-hygiene-wird-bei-mir-kleingeschrieben-1.217020

Heide Oestreich: Die allerletzte Postfeministin, taz.de, 16.04.2012.
http://www.taz.de/!91514/

Heide Oestreich: »Heute schon gegendert?« – alte Rollenbilder auf dem Prüfstand, März 2009.
http://www.goethe.de/ges/mol/dos/gen/ger/de4258503.htm

Heide Oestreich: Kein Ort für Ortgies, taz.de, 31.05.2008.
http://www.taz.de/1/archiv/digitaz/artikel/?ressort=tz&dig=2008%2F05%2F31%2Fa0126&src=GI&cHash=49d999d9b4

Lisa Ortgies: Ich konnte nichts verwirklichen, spiegel.de, 31.05.2008.
http://www.spiegel.de/kultur/gesellschaft/chefredakteursstreit-bei-emma-ich-konnte-nichts-verwirklichen-a-556901.html

Hans Sarfeuer: Neue Gruppe gegen Femifaschismus – »Die Männerpartei«.
http://meinews.niuz.biz/neue-t659103.html?s=1649b98e5bf3313113575fc632a3a3c2&langid=1

Frank Schirrmacher: Ohne Familie gehen wir unter, bild.de, 23.03.2006.
http://www.bild.de/news/aktuell/news/schirmmacher-serie-ende-221712.bild.html

Antje Schmelcher: Die Karriere der Ursula von der Leyen. »Ein Geflecht aus Intrigen«, faz.net, 16.04.2007.
http://www.faz.net/aktuell/politik/teil-2-die-karriere-der-ursula-von-der-leyen-ein-geflecht-aus-intrigen-1436979.html

Alice Schwarzer über Burma: Zwischen Hoffnung und Lächeln, faz.net, 16.02.2012.
http://www.faz.net/aktuell/feuilleton/alice-schwarzer-ueber-burma-zwischen-hoffnung-und-laecheln-11650646.html

Verena Stehle: Kann nichts, tut nichts – ist berühmt, sueddeutsche.de, 21.10.2007.
http://www.sueddeutsche.de/leben/internet-it-girl-kann-nichts-tut-nichts-ist-beruehmt-1.794997

Ellen Ueberschar: Interview mit Jan Feddersen und Philipp Gessler: Gleichstellung gescheitert. Emanzipation als Karrierehemmnis, taz.de, 03.06.2011.
http://www.taz.de/!71870/

Kai von Appen: Ein Job wie jeder andere, taz.de, 18.12.2004.
http://www.taz.de/1/archiv/archiv/?dig=2004/12/18/a0077

Rafaela von Bredow: Das wahre Geschlecht, spiegel.de, 24.07.2000.
http://www.spiegel.de/spiegel/print/d-16961411.html

Ursula von der Leyen: »Ich verstehe, dass ich anderen Müttern unheimlich bin«, focus.de, 20.10.2009.
http://www.focus.de/schule/familie/erziehung/tid-16204/ursula-von-der-leyen-ich-verstehe-dass-ich-anderen-muettern-unheimlich-bin_aid_443418.html

Moritz von Uslar: Alice Schwarzer. Mich weht die Intrige an, zeit.de, 16.02.2012.
http://www.zeit.de/2012/08/Frauen-Media-Turm

Amina Wadud im Interview mit Ulrike Hummel: »Was wir tun, heißt islamischer Feminismus«, taz.de, 17.08.2011.
http://www.taz.de/1/archiv/print-archiv/printressorts/digi-artikel/?ressort=ku&dig=2011%2F08%2F17%2Fa0115&cHash=fdea1cb346

Peter Wensierski: Christen. Aufschwung Jesu, spiegel.de. 28.04.2008.
http://www.spiegel.de/spiegel/print/d-56756333.html

Uwe Wessel: Matriarchat. Im Reich der Mütter, zeit.de, 05.05.2011.
http://www.zeit.de/2011/19/Muttertag

WEBSITES UND ONLINE-QUELLEN N. N.

Emma lebt!, www.emma.de.
http://www.emma.de/ueber-emma/emma-lebt/

Feminismus
http://www.bible-only.org/german/handbuch/Feminismus.html

Feminismus ist in den Kirchen auf dem Vormarsch, bibel-wissen.de vom 13.03.2007.
http://bibel-wissen.de/pn62/index.php?name=News&catid=10&startrow=21

Bringt ein Baby den Karriere-Knick?, bild.de, 16.03.2006.
http://www.bild.de/news/aktuell/news/super-frauen-kinderlose-221708.bild.html

Designer Karl Lagerfeld lästert über Heidi Klum, bild.de, 19.03.2010.
http://www.bild.de/unterhaltung/leute/heidi-klum/laestert-bei-kerner-ueber-heidi-klum-8634538.bild.html

Weltkarte der Brüste. Russinnen haben die prallsten Körbe, bild.de, 25.04.2012.
http://www.bild.de/ratgeber/2012/brust/busen-weltkarte-russland-skandinavien-ueber-d-koerbchen-23808826.bild.html

Girls' Day 2007: Frauen arbeiten nach wie vor überwiegend in »typischen Frauenberufen«, bildungsklick.de, 24.04.2007.
http://bildungsklick.de/pm/52578/girls-day-2007-frauen-arbeiten-nach-wie-vor-ueberwiegend-in-typischen-frauenberufen/

§ 181a StGB, Bundesministerium für Familie, Senioren, Frauen und Jugend.
http://www.bmfsfj.de/doku/Publikationen/prostitutionsgesetz/0903.html

Pressemitteilung der Hans Böckler Stiftung vom 06.09.2006, boeckler.de
http://www.boeckler.de/pdf/pm_ta_2006_09_06.pdf

Frauen in den Parteien, in: Bundeszentrale für politische Bildung: Politik und Zeitgeschichte Nr. 50, 2009.
www.bpb.de/apuz/31548/frauen-in-den-parteien

Ohne Frauen keine Revolution, bpd.de vom 06.03.2008.
http://www.bpb.de/geschichte/deutsche-geschichte-nach-1945/68er-bewegung/51859/frauen-und-68?p=all

Jenseits der Tagespolitik – die Enquete-Kommissionen: Teil 1: 1973-1981: Enquete-Kommission »Frau und Gesellschaft«.
http://www.bundestag.de/dokumente/textarchiv/serien/23690862_enquete_serie/21987896_kw32_enquete1/index.html

Liberales Prostitutionsgesetz: Wie Deutschland zum Puff Europas wurde.
http://daserste.ndr.de/panorama/archiv/2011/prostitution129.html

Der Ursprung der Familie ..., Der Freitag, Nr. 18 vom 03.05.2009.
http://www.freitag.de/autoren/der-freitag/der-kommunist-im-gehrock

»Armut ist weiblich – Frauenarmut hat System«, die-stadtredaktion.de, 22.09.2011.
http://www.die-stadtredaktion.de/2011/09/gesellschaft/soziales/%E2%80%9Earmut-ist-weiblich-frauenarmut-hat-system%E2%80%9C/

Scharfe Kritik an »Gender Mainstreaming«, www.ead.de, 09.08.2008.
http://www.ead.de/nachrichten/nachrichten/einzelansicht/article/scharfe-kritik-an-gender-mainstreaming.html

»konservativ«, enzyklo.de.
http://www.enzyklo.de/Begriff/konservativ

Was ist Feministische Theologie?, Evangelische Frauen in Deutschland e.V.
http://www.evangelischefrauen-deutschland.de/theologie/fem-theol/500

Chronik der Frauen Union der CDU, Die Geschichte der Frauen Union der CDU.
http://www.frauenunion.de/images/stories/docs/Chronik%20der%20Frauen%20Union.pdf

Gender-Mainstreaming, Bundesministerium für Familie, Senioren, Frauen und Jugend.
http://www.gender-mainstreaming.net/

Bündnis 90/Die Grünen.
http://www.gruene.de/themen/frauenpolitik/frauenpolitik.html

Bekanntheit von Marken steigt durch die Sendung massiv, handelsblatt.com, 25.09.2011.
http://www.handelsblatt.com/panorama/lifestyle/klums-geschaeftsmodell-bekanntheit-von-marken-steigt-durch-die-sendung-massiv/4634068-2.html

Gehirn-Forschung: Warum Männer Blondinen bevorzugen, handelsblatt.com, 14.02.2012.

http://www.handelsblatt.com/unternehmen/buero-special/gehirn-forschung-warum-maenner-blondinen-bevorzugen-seite-all/6202706-all.html

Wirtschaftswunder: Frauenarbeit, Stiftung Haus der Geschichte der Bundesrepublik Deutschland.
http://www.hdg.de/lemo/html/DasGeteilteDeutschland/DieZuspitzungDesKaltenKrieges/Wirtschaftswunder/frauenarbeit.html

Ökumenisches Heiligenlexikon.
http://www.heiligenlexikon.de/BiographienA/Augustinus.html

Pressemitteilung des Norwegischen Nobelkomitees vom 14.10.1991.
http://www.nobelprize.org/

Prostitution – die Geschichte der käuflichen Liebe, planet-wissen.de.
http://www.planet-wissen.de/alltag_gesundheit/sexualitaet/prostitution/index.jsp

Pofalla: Handschrift der Union im »Bündnis für Erziehung«, CDU-Pressestelle, presseportal.de, 21.04.2006.
http://www.presseportal.de/pm/6518/813444/pofalla-handschrift-der-union-im-buendnis-fuer-erziehung

Sozialgesetzbuch II, §1.
http://www.sozialgesetzbuch.de/gesetze/02/index.php?norm_ID=0200100

Katholische Kirche. Papst kritisiert Feminismus, spiegel.de, 30.07.2004.
http://www.spiegel.de/panorama/katholische-kirche-papst-kritisiert-feminismus-a-310954.html

Feminismus. Bastille gestürmt, spiegel.de, 03.01.1995.
http://www.spiegel.de/spiegel/print/d-9158667.html

Grauenhaft, entsetzlich, spiegel.de, 20.03.1989.
http://www.spiegel.de/spiegel/print/d-13494969.html

Chefredakteursstreit bei »Emma«: »Ich konnte nichts verwirklichen«, spiegel.de, 31.05.2008.
http://www.spiegel.de/kultur/gesellschaft/chefredakteursstreit-bei-emma-ich-konnte-nichts-verwirklichen-a-556901.html

Topmodel Jana Beller: «Für die Klums bin ich nur ein Ding«, spiegel.de, 07.08.2011.
http://www.spiegel.de/panorama/leute/topmodel-jana-beller-fuer-die-klums-bin-ich-nur-ein-ding-a-778835.html

Studie: Fettabsaugen häufigste Schönheitsoperation, stern.de , 14.07.2003.
http://www.stern.de/wissen/gesund_leben/studie-fettabsaugen-haeufigste-schoenheitsoperation-510401.html

Schiefer Haussegen bei der Linken, sueddeutsche.de, 14.08.2007.
http://www.sueddeutsche.de/politik/christa-mueller-schiefer-haussegen-bei-der-linken-1.877745

Die neue Frauenbewegung begann mit drei Tomaten, welt.de, 10.09.2008.
http://www.welt.de/politik/article2421815/Neue-Frauenbewegung-begann-mit-drei-Tomaten.html

»Hort des Männerhasses«. Warum das Frauenhaus abgeschafft werden muss, welt.de, 16.06.2009.
http://www.welt.de/politik/article3936899/Warum-das-Frauenhaus-abgeschafft-werden-muss.html

SPD-Generalsekretärin Nahles für Frauenquoten in Parteien und Firmen, Welt am Sonntag, 07.10.2011.
http://m.welt.de/article.do?id=politik/article6856877/Nahles-fuer-Frauenquoten-in-Parteien-und-Firmen&relart=1&cid=satire&emvcc=-1

It-Girl.
http://de.wikipedia.org/wiki/It-Girl

WEITERE QELLEN

Die Bibel oder ganze Heilige Schrift des Alten und Neuen Testaments, nach der deutschen Übersetzung D. Martin Luthers, Preußische Hauptbibelgesellschaft, Berlin 1912.

Ulrike Bail u. a. (Hg.): Bibel in gerechter Sprache. 3. Aufl., Gütersloher Verlagshaus, Gütersloh 2007.

Wir haben abgetrieben! Stern, Nr. 24 / 1971, 06.06.1971